WELPENERZIEHUNG FÜR ANFÄNGER

Dein Wegbegleiter von der Welpenauswahl bis zum Junghund

Anja Sommer

Deutschsprachige Erstausgabe Oktober 2022

ISBN: 9798355367961

Welpenerziehung für Anfänger
Dein Wegbegleiter von der Welpenauswahl bis zum Junghund

Da auch wir uns in einem stetigen Verbesserungsprozess befinden, nehmen wir Kritik und Anregungen gerne entgegen. Sende uns an die E-Mail-Adresse info.welpenerziehung@gmail.com Feedback und Anregungen oder hinterlasse auf der entsprechenden Produktkaufseite eine Bewertung. Das hilft nicht nur uns, sondern auch anderen Leuten, die Interesse an diesem Thema haben, enorm weiter.

Die Autorin Anja Sommer wird vertreten durch:

Daniel Baumann
Austraße 7
74254 Offenau

Germany

Verantwortlich für den Druck:

Amazon Distribution GmbH, Leipzig

1. Auflage

Für Nala,
meine beste Freundin auf vier Pfoten.
Danke für die ganzen Erlebnisse und Erfahrungen
die wir gemeinsam durchlebt haben.
Ich bin stolz eine so liebevolle und empathische Hündin
wie dich zu haben!

Inhaltsverzeichnis

Vorwort

Für viele Menschen ist es einer der größten Träume, sich einen Hund anzuschaffen, um das Familienglück perfekt zu machen. Womöglich stehst du vor der Überlegung, einem jungen Vierbeiner ein neues Zuhause zu bieten. Dabei spielt es keine Rolle ob du alleinstehend bist oder bereits eine Familie gegründet hast. Der Welpe wird auf jeden Fall dein Leben bereichern.

Wer mit dem Gedanken an vierbeinigen Familienzuwachs spielt, steht vor vielen offenen Fragen, die in diesem Ratgeber thematisiert werden.

Welcher Welpe ist der richtige für mich und wie finde ich den passenden Züchter? Passt ein Hund wirklich zu mir und zu meinem Lebensstil?

Welche Gegenstände brauche ich für den Hund und welche Vorbereitungen muss ich zuhause treffen, damit sich der Welpe sofort wohlfühlt?

Wie kommt der neue Welpe ins neue Zuhause und welche unterschiedlichen Ernährungsformen gibt es?

All diese Dinge gilt es als Welpenbesitzer vom ersten Tag an zu beachten.

Die Idee für dieses Buch kam mir bei meinem morgendlichen Routine-Spaziergang mit meiner Golden-Retriever-Hündin Nala. Ich möchte mit meinen Erfahrungen und Erlebnissen Menschen wie dir, die mit dem Gedanken spielen oder sich gerade frisch einen

Welpen zugelegt haben, unter die Arme greifen.

Als Kind hatte ich das Glück, mit Hunden aufzuwachsen und habe die Liebe zu den kleinen Fellnasen sozusagen mit in die Wiege gelegt bekommen. Daher teile ich gerne meine Erfahrungen und Tipps, die ich über die Jahre gesammelt habe, in diesem Ratgeber. Aktuell bereichert unsere Golden Retriever Hündin Nala unsere Familie sehr. Als kleiner Welpe hat sie im Alter von neun Wochen den Weg zu uns gefunden und ist für uns Familienhund, Aufpasserin und treue Freundin für Groß und Klein.

Mit Nala haben wir gemeinsam Ausbildungen zum Begleithund sowie eine erfolgreiche Weiterbildung als Therapiebegleithundeteam absolviert.

Darf ich dir Nala vorstellen? So sieht sie aus:

als Welpe **Heute**

In der heutigen Zeit werden mehr „Familienhunde“ als „Arbeitshunde“ gehalten. Doch auch die niedlichen Familienhunden bringen Anforderungen mit sich, die du als Halter erfüllen musst, um den Alltag und manche Stresssituation zu meistern.

Aus diesem Grund ist es umso schwieriger, mit den süßen Welpen konsequent vom ersten Tag an die Hundeerziehung zu trainieren und sie in den frühen Jahren zu etablieren.

Besonders die sogenannte Prägungs- und Sozialisierungsphase in den ersten Wochen ist enorm wichtig und bereitet den Welpen auf sein komplettes Leben vor. Was hier schief läuft, ist nur mit sehr viel Training wiedergutzumachen.

Aufgrund des besseren Leseflusses wird im Text das generische Maskulinum verwendet. Gemeint sind jedoch immer alle Geschlechter.

Hinter den QR-Codes oder Links verbergen sich hin und wieder Bilder von Nala aus dem Alltag die dich beim Lesen durch dieses Buch begleiten werden.

Starten wir also nun gemeinsam in diesen Ratgeber. Ich hoffe, dass dir meine Tipps und Tricks zur Welpenerziehung mit deiner eigenen Fellnase helfen und wünsche viel Spaß beim Lesen.

Stuttgart im Oktober 2022

- Anja Sommer

Passt ein Hund zu mir und meinem Lebensstil?

Die Entscheidung, sich einen Welpen anzuschaffen, muss gut überlegt sein und darf nicht nur kurzfristig betrachtet werden. Ein Hund wird im Durchschnitt 10 bis 15 Jahre alt. Auf diesen Zeitraum solltest du dich einstellen, wenn es darum geht, ob ein Welpe zu dir kommt. Leider werden gerne Welpen zu Weihnachten verschenkt oder Menschen schaffen sich aus Langeweile einen Hund an. Auch Weltereignisse mit einschränkenden Sozialkontakten, wie die Anfang 2020 ausgelöste Pandemie tragen hierzu bei.

Zunächst solltest du dich also fragen, wo du in den nächsten zehn Jahren stehen wirst. Es ist zugegebenermaßen schwierig vorherzusagen, was in diesem Zeitraum passieren wird und wie sich das persönliche Leben entwickelt. Gleichzeit hilft dir bereits ein grober Zukunftsplan.

Wo wird dein Wohnort sein und wie deine Wohnsituation aussehen?

Wie lässt sich ein Hund mit deinem Arbeitsalltag kombinieren und wie kannst du dies bewerkstelligen? Viele Geschäftsreisen oder lange Arbeitszeigen lassen sich beispielweise schlecht mit der Sorge für einen Hund vereinbaren.

Hast du Familie oder Kontaktpersonen in der Nähe, die dich im Falle der Fälle unterstützen und den Welpen versorgen können?

Ebenso sollten keine weiten Reisen mit längerem Aufenthalt

bevorstehen, da Flugreisen für Hunde großen Stress bedeuten.

Als potenzieller Hundehalter solltest du also abwägen, welchen Mehrwert und welche Strapazen du für die Reise auf dich nimmst.

Urlaub in Deutschland mit dem Auto, z. B. an der Nord- oder Ostsee, im Harz oder im Allgäu ist eine erholsame Alternative, wenn du die pure ländliche Natur genießt und die Wanderwege erklimmst.

Als weiterer Tipp eignen sich in Holland die schönen großen Hundestrände am Meer. Soll es in den Süden gehen, empfiehlt sich eine Reise nach Italien an den Gardasee. Hierbei solltest du aber die lange Autofahrt sowie die vor Ort herrschenden Temperaturen nicht unterschätzen.

Weiter musst du dir im Klaren sein, wer sich um den Hund kümmern kann, wenn du selbst einen Krankheitsfall hast oder du vor der Familienplanung stehst und die Verträglichkeit zwischen Kindern und Hund nicht gegeben ist.

Ein Hund kann 10 bis 15 Jahre alt werden und sollte für diesen Zeitraum zu deiner Lebensplanung passen.

Zu guter Letzt solltest du dich auch fragen ob du dir einen Hund inklusive aller Nebenkosten finanziell leisten kannst.

Wenn du diese Fragen für dich beantwortet hast, bist du der Entscheidung hoffentlich schon ein Stück näher.

Welcher Welpe passt zu mir?

Falls du noch keine Entscheidung über die Hunderasse getroffen hast, empfiehlt es sich, sich grundlegend mit diesem Thema auseinanderzusetzen oder eine Beratung, z. B. von qualifizierten Hundeschulen, anzufragen.

Jede Rasse unterscheidet sich nicht nur äußerlich und von der Größe, sondern auch nach dem ursprünglichen Zuchtziel, in ihren Eigenschaften und ihrem Wesen.

Es ist gar nicht so einfach, die richtige Hunderasse für sich zu finden, denn sie sollte allen gerecht werden, die voraussichtlich einen engen Kontakt mit dem Hund pflegen.

Grundsätzlich musst du dir die Frage stellen, wie dein Umfeld aussieht und in welcher Lebenssituation du dich befindest. Anschließend kannst du auf Basis der rassetypischen Ansprüche eine Entscheidung treffen.

Zum Beispiel benötigen ein Husky (Schlittenhund) oder ein Australian Shepherd viel mehr Auslauf und Kopfarbeit als andere Rassen und sind daher weniger für z. B. Personen mit eingeschränkter Mobilität geeignet. Es gibt Hunderassen die nicht in eine Familie mit Baby oder Babywunsch gehören, da diese als nicht familienfreundlich und aggressiv eingestuft werden. Dies sind sogenannte Kampfhunde oder Listenhunde.

Der typische Familienhund hingegen ist ein Golden Retriever.

Hunderassen

Es gibt unzählige reine Hunderassen, sowie Mischlinge die zum Teil Kreuz und Quer gewollt gezüchtet und ungewollt entstanden sind. Diese hier alle aufzuzählen ist schlussweg unmöglich.

Ich habe dir die zwölf beliebtesten Hunderassen der Deutschen zusammengefasst.

1

Name: Labrador Retriever

Größe (Rüde/Hündin): 54 - 57 cm

Gewicht (Rüde/Hündin): 25 - 34 kg

Funktion: Begleithund, Jagdhund, Diensthund; der Jagdinstinkt ist stark ausgeprägt; allerdings kann dieser durch seine Gelehrigkeit und die ursprüngliche Zuchtintension auf ein reines Apportieren trainiert werden

Geeignet für: aktive Hundehalter, gerne auch Familien; Labrador Retriever können bei Unterforderung anfangen, sich selbst zu beschäftigen, indem sie die Wohnung auseinander nehmen oder sich die Bewegung nehmen, die sie benötigen

Alter: bis 14 Jahre

Herkunftsland: Großbritannien

2

Name: Deutscher Schäferhund

Größe (Rüde/Hündin): bis 60 cm

Gewicht (Rüde/Hündin): 22 - 40 kg

Funktion: Ursprünglich als Hütehund eingesetzt, übernimmt er jetzt vielfältige Aufgaben als Blinden- und Therapiehund, Diensthund bei der Polizei, Rettungs- und Lawinensuchhund; der Jagdtrieb ist ausgeprägt, kann aber durch gute Erziehung leicht unter Kontrolle gebracht werden.

Geeignet für: Erfahrene Hundehalter oder solche, die eine Aufgabe zu vergeben haben. Bei Unterforderung sucht sich der Schäferhund eigene Aufgaben, was sich in ausgeprägtem Wachverhalten, Jagdtrieb oder aggressivem Verhalten äußern kann.

Alter: 11 - 15 Jahre

Herkunftsland: Deutschland

3

Name: Französische Bulldogge

Größe (Rüde/Hündin): bis 35 cm

Gewicht (Rüde/Hündin): 8 - 14 kg

Funktion: Begleithund, kein Jagdtrieb

Geeignet für: Hundeanfänger mit viel Zeit. Bei Unterforderung neigt die französische Bulldogge dazu, sich selbst zu beschäftigen und bei wenig Auslauf werden sie schnell übergewichtig

Alter: bis 15 Jahre

Herkunftsland: Frankreich

4

Name: Chihuahua

Größe (Rüde/Hündin): 15 - 23 cm

Gewicht (Rüde/Hündin): 1,5 - 3 kg

Funktion: Begleithund, Schoßhund und Familienhund; der Jagdtrieb ist beim Chihuahua zwar vorhanden, aber nicht außergewöhnlich ausgeprägt

Geeignet für: Hundehalter, die in ihm mehr sehen als einen Schoßhund und ihn dementsprechend fordern, denn ein unausgeglichener und schlecht erzogener Chihuahua neigt zu aggressivem Verhalten. Für Familien mit kleinen Kindern ist der Chihuahua nicht geeignet.

Alter: 10 - 18 Jahre

Herkunftsland: Mexiko

5

Name: Australian Shepherd

Größe (Rüde/Hündin): bis 58 cm

Gewicht (Rüde/Hündin): 6 - 8 kg

Funktion: ursprünglich Hütehunde; heute Fährten- und Spürhund; als Familienhund bei artgerechter Auslastung (sehr viel Bewegung und Hundesport) geeignet. Jagdtrieb ist in mittleren Maßen vorhanden

Geeignet für: Bewegungs- und sportbegeisterte Menschen (ein Australian Shepherd braucht deutlich mehr psychische und physische Herausforderung als Spazieren gehen): bei Unterforderung sucht er sich eigene Aufgaben und

Unterhaltungsmöglichkeiten oder wird überaktiv und bellt wegen Kleinigkeiten!

Alter: 12 - 15 Jahre

Herkunftsland: Nordamerika / USA

6

Name: Golden Retriever

Größe (Rüde/Hündin): 51 - 61 cm

Gewicht (Rüde/Hündin): 30 - 40 kg

Funktion: Begleithund bei der Flintenjagd mit der Aufgabe das geschossene Wild zum Jäger zu bringen (to retrieve= zurückholen, apportieren); der Jagdtrieb ist stark ausgeprägt, kann aber bei guter Erziehung abtrainiert bzw. in gewünschte Bahnen (Dummytraining) gelenkt werden.

Geeignet für: Familien mit etwas Erfahrung in der Hundeerziehung oder der Bereitschaft zur Hundeschule zu gehen. Goldi-Besitzer sollten aktive und sportliche Menschen sein, denn bei Unterforderung kann er zu aggressivem Verhalten neigen, dies ist aber selten der Fall.

Alter: 12 - 14 Jahre

Herkunftsland: Großbritannien

7

Name: Jack Russel Terrier

Größe (Rüde/Hündin): 25 - 30 cm

Gewicht (Rüde/Hündin): 5 - 6 kg

Funktion: Jagdhund, der Jagdtrieb ist stark ausgeprägt

Geeignet für: kein Hund für Anfänger, er bedarf konsequenter Führung und Erziehung; dann aber sehr verträglich; sehr aufgeweckt und aktiv. Bei Unterforderung sucht er sich Beschäftigung, was sich in Ausbüchsen oder einem kaputten Sofa zeigen kann!

Alter: bis 18 Jahre

Herkunftsland: Großbritannien

8

Name: Havaneser

Größe (Rüde/Hündin): 21 - 29 cm

Gewicht (Rüde/Hündin): 4,5 - 7,5 kg

Funktion: Begleit- und Familienhund, der Jagdtrieb ist kaum ausgeprägt

Geeignet für: Menschen und Familien, die nach einem fröhlichen Begleiter suchen; wird der Havaneser unterfordert, verlangt er die Aufmerksamkeit ein, mitunter auch sehr penetrant

Alter: 13 - 15 Jahre

Herkunftsland: Kuba

9

Name: Beagle

Größe (Rüde/Hündin): 33 - 40 cm

Gewicht (Rüde/Hündin): bis 18 kg

Funktion: Früher Jagdhund, heute vor allem Familien- oder Versuchshund; der Jagdtrieb ist stark ausgeprägt

Geeignet für: Aktive Familien und Einzelpersonen, die einen fröhlichen und unkomplizierten Begleiter suchen; Bei Unterforderung kann der Beagle auch mal ungehorsam werden und sich mit Jagen und anderen Aktivitäten selbst beschäftigen

Alter: 13 - 15 Jahre

Herkunftsland: Vereinigtes Königreich

10

Name: Dackel / Dachshund

Größe (Rüde/Hündin): bis 27 cm

Gewicht (Rüde/Hündin): 3,5 - 9 kg

Funktion: Ursprünglich zur Baujagd auf Fuchs und Dachs; heutzutage als Begleithunde oder auch noch als Jagdhund

Geeignet für: erfahrene Hundeführer, die sich intensiv mit ihrem Dackel beschäftigen; bei konsequenter Erziehung auch für Familien

Alter: 14 - 16 Jahre

Herkunftsland: Deutschland

11

Name: Königspudel

Größe (Rüde/Hündin): 43 - 62 cm

Gewicht (Rüde/Hündin): 18 - 27 kg

Funktion: Gesellschafts- und Begleithund

Geeignet für: Einzelpersonen und aktive Familien, die einen lernfreudigen, sportlichen und fröhlichen Begleiter suchen

Alter: 11 - 13 Jahre

Herkunftsland: Frankreich

12

Name: Border Collie

Größe (Rüde/Hündin): 48 - 56 cm

Gewicht (Rüde/Hündin): 12 - 20 kg

Funktion: Hüte-, Arbeits- und Sporthund; Der Jagdtrieb ist ausgeprägt

Geeignet für: Sehr aktive Menschen und Familien, Menschen, die sich für Hundesport begeistern und Menschen, die Arbeitshunde benötigen; Bei Unterforderung kann sich der Border Collie unerwünschte Verhaltensweisen aneignen

Alter: 10 - 17 Jahre

Herkunftsland: Großbritannien

Rüde oder Hündin?

Neben der Frage nach der bevorzugten Hunderasse überlegst du sicher, ob ein Rüde oder eine Hündin besser zu dir passt.

Generell wird angenommen, dass Hündinnen leichter zu führen und zu erziehen sind, verschmuster und damit nicht so aggressiv seien, und auch weniger ihr Revier markieren. Gleichzeitig werden sie läufig und verursachen damit Aufwand beim Sauberhalten der Wohnung. Eine Möglichkeit dies zu umgehen wäre eine Sterilisation oder Kastration.

Rüden hingegen wird nachgesagt, dass sie imposant sind, grundsätzlich schöner aussehen und somit beeindruckender wirken. Allerdings weisen sie eher ein aggressives Verhalten gegenüber anderen Hunden auf, laufen öfters davon und sind nicht sehr anhänglich.

Des Weiteren erfolgt oftmals die Auswahl ob Rüde oder Hündin anhand des Aussehens und aus persönlichen Gründen. So sollte man auch darauf achten einen Hund auszuwählen der zur eigenen Persönlichkeit passt. Familien tendieren aus Bequemlichkeit eher zu Rüden, da eine Hündin während der Läufigkeit den ein oder anderen Untergrund oder Teppich mit Blut volltropft und eine erhöhte Aufmerksamkeit bedarf in der Gegenwart anderer Hunde.

Mein Rat an dich ist, wie im vorherigen Kapitel beschrieben, auf die Rasse beziehungsweise die damit verbundenen Zuchtziele zu achten. Sie beschreiben perfekt die Eigenschaften und das Wesen des Hundes.

Ob es dann ein Rüde oder eine Hündin wird ist meines Erachtens sekundär zu bewerten.

Eine Golden Retriever Hündin als Welpe:

Wie finde ich einen passenden und guten Züchter?

In diesem Kapitel dreht sich alles um die für dich passende Auswahl des Züchters.

Solltest du grundsätzlich die Einstellung besitzen, keinen Hund vom Züchter zu kaufen, sondern lieber auf das Tierheim oder den Tierschutz zurückgreifen möchtest, kommt auf Seite 23 das Kapitel „Der Welpe aus dem Tierschutz/Tierheim“.

Die Vorteile die du bei einem Züchter hast ist die Gewissheit darüber, ob es prägende Vorbelastungen gibt und du genau das Umfeld in dem dein Welpe aufgewachsen ist kennst.

Des Weiteren steht der Züchter in der Regel auch nach dem Kauf beratend zur Seite und begleitet dich als Ansprechpartner in den ersten Tagen und Wochen.

Falls du deinen Hund später gezielt ausbilden möchtest, beispielsweise als Rettungshund, Seniorenhund, im Umgang mit Kindern oder du selbst eine junge Familie mit Kleinkindern oder Babys hast, kannst du die Charaktereigenschaften bereits beim Züchter erfragen.

Hier gibt es natürlich noch eine weitere Menge an Beispielen und Einsatzgebieten.

Nun schauen wir, wie und wo du einen Züchter findest.

Wenn du bereits weißt, welche Rasse dein Welpe haben soll, empfehle ich auf der offiziellen Seite des VDH (Verein für das Deutsche Hundewesen) nach einem Züchter zu suchen. Züchter, die hier registriert sind, handeln nach offiziell anerkannten Qualitätskriterien, die durch das VDH-Siegel bestätigt werden.

Diese Qualitätskriterien sind die Mindestanforderungen für die Zucht von Rassehunden.

Vorsicht ist bei Anzeigen und Auktionen aus dem Internet oder bei Zeitungsinseraten geboten, da dies nicht der übliche Weg der Welpenvermittlung ist.

Die Kontaktaufnahme erfolgt in der Regel über die hinterlegten Kontaktdaten auf der Plattform via Telefon oder Email.

Nachdem du einen guten und sympathischen Auftritt hingelegt hast (sei einfach du selbst), wird man in der Regel zum Züchter eingeladen um sich persönlich nochmals einen Überblick zu verschaffen und die Zuchtstätte zu begutachten.

Grundsätzlich gilt hier: Der erste Eindruck zählt. Das Areal der Zuchtanlage sowie die Umgebung sollten in einem gepflegten und sauberen Zustand sein.

Auch ein zweiter oder sogar ein dritter Besuch beim Züchter ist wichtig, da du so feststellen kannst, ob der erste gute Eindruck auch weiterhin Bestand hat.

Ein weiteres gutes Zeichen ist es, wenn du die Mutterhündin der Welpen in ihrer alltäglichen Umgebung besuchen und beobachten darfst. Das bedeutet, die Züchter haben nichts zu verbergen.

Die Mutter sollte gesund, aufgeschlossen und zutraulich wirken.

Beobachte genau, wie die Mutterhündin mit ihren Welpen umgeht. Wird sie aggressiv oder ist abweisend, kann es sich um eine „Alibi-Mutter“ handeln. Eine glückliche Zuchthündin vertraut Menschen und lässt auch fremde Menschen zu ihren Welpen.

Die Welpen selbst sollten ebenfalls einen gesunden und sauberen Eindruck auf dich machen. Sind sie zu dünn, sieht man die Rippen. Sind die Bäuche aufgebläht, kann das ein Anzeichen von Würmern sein. Das Fell darf nicht stumpf sein und die Welpen dürfen nicht apathisch oder ängstlich wirken.

Der Züchter sollte bereits Gesundheitsvorkehrungen getroffen haben. So sollten die Welpen mehrmals entwurmt und die erste Impfung bereits erledigt sein. Der Züchter hat die Welpen gechipt und händigt bei der Übergabe den Impfpass mit aus.

Bei der Bewertung der alltäglichen Umgebung der Hunde beim Züchter solltest du darauf achten, ob die Welpen einen abgegrenzten Bereich im Haus haben, der sie zum einen am Familienleben teilhaben lässt und zum anderen einen Rückzugsort bietet.

Für dich als Käufer ist es wichtig zu sehen, wie die Welpen die ersten Lebenswochen verbracht haben. Verschiedene Spielsachen und ausreichend Platz sind sehr wichtig, ebenso ab und an Zeit im Freien zu verbringen, um sich an jegliche Alltagsgeräusche zu gewöhnen.

Beim Kennenlernen unseres Welpen damals kam ich mir vor wie in einem Bewerbungsgespräch und das erwies sich später als positiv.

Wenn der Züchter ausgiebig zu den eigenen Lebensverhältnissen, der Wohnsituation und den Haltungsbedingungen nachfragt, ist er bemüht, seinen Welpen ein gutes neues Zuhause auszusuchen.

Stellt der Züchter wenig Fragen oder zeigt er generell wenig Interesse, ist er vermutlich darauf aus, die Welpen schnellstmöglich zu verkaufen.

Der Preis spielt für die Anschaffung eines Welpen eine große Rolle. Daher solltest du dich im Vorfeld erkundigen, was normale Preise für deine Welpenrasse sind. Im Durchschnitt liegt ein Zuchtwelpe bei 600–1.400 €; das kann wiederum je nach Rasse stark variieren.

Ein vertrauenswürdiger Züchter hat alle notwendigen Papiere zur Hand, die es für eine Zucht zu pflegen gilt.

Dazu zählen der Stammbaum der Eltern, die Untersuchungsergebnisse der erforderlichen Gesundheitsüberprüfungen sowie ein Wurfabnahmeprotokoll, in dem alle Daten und Fakten nochmals durch einen Veterinär oder geschulten Zuchtwart geprüft und bestätigt werden.

Ein Hund gilt in Deutschland als Sachgegenstand, daher bekommst du einen Kaufvertrag ausgehändigt. Darin sollten die Haftung und Personalien des Züchters festgehalten werden.

Der Kaufvertrag wird von beiden Parteien unterschrieben.

Im Ernstfall nehmen seriöse Züchter den Welpen wieder zurück, sollte es zuhause aus diversen Gründen nicht funktionieren. Wichtig ist immer eine ehrliche und transparente Kommunikation.

Checkliste Züchterauswahl

Die folgende Checkliste ist dir bei der Züchterwahl eine kleine Hilfestellung.

- Wie wachsen die Welpen beim Züchter auf (Haus, Garten, Zwinger)?
- Gibt es mehrmals täglich körperlichen Kontakt der Welpen zu Menschen (Hochheben, Spielen, Schmusen)?
- Wie häufig haben die Welpen Kontakt zu „fremden“ Menschen (täglich, 1-2 x pro Woche)?
- Haben die Welpen Kontakt zu beiden Geschlechtern (Mann, Frau)?
- Haben die Welpen Kontakt zu Kindern und älteren Menschen?
- Ist die Einrichtung/Zuchtstätte sauber?
- Wo befindet sich die Zuchtstätte? Gibt es Alltags- und Verkehrsgeräusche? (Es ist sehr wichtig, dass die Welpen sich von Beginn an an verschiedenste Geräusche gewöhnen.)
- Begegnet der Züchter dir offen und ehrlich?
- Zeigt der Züchter alle Hunde, die er hält, ohne zu zögern?
- Gefallen dir die Tiere charakterlich?
- Kann der Züchter Untersuchungsergebnisse nachweisen (HD = Hüftgelenksdysplasie, ED = Ellbogendysplasie) für

Hündin und Deckrüden?

- Gibt es einen Stammbaum? / Wie ist die Herkunft von Hündin und Deckrüden?
- Darfst du die Mutterhündin kennenlernen und wie ist ihr Umgang mit den Welpen (freundlich und aufgeschlossen oder ängstlich und aggressiv)?
- Auf welchem Untergrund hinterlassen die Welpen ihre Ausscheidungen? (Eine frühe Gewöhnung an Gras, Sand oder Erde beschleunigt eine spätere Stubenreinheit.)
- Werden die Welpen zugefüttert? Seit wann?
- Wurden Welpen aus dem Wurf mit einer Flasche aufgezogen? (keine optimale Frustrationstoleranz)
- Sind die Welpen gesund?
- Entwurmt? Geimpft? Gechipt?
- Ab wann werden die Welpen in das neue Zuhause vermittelt? (ab 8 Wochen okay, ab 10 Wochen empfohlen)

Folgende Punkte sind Zusatzleistungen des Züchters und nicht zwingend erforderlich. Sie helfen allerdings den Welpen, noch besser auf die Welt vorbereitet zu sein.

- Gibt es Kontakt zu anderen Tierarten? (Katzen, Vögel, Hasen, Pferde, …)
- Hat der Züchter bereits vorbereitende Maßnahmen durchgeführt, wie z. B. mit den Welpen Auto fahren, Halsband- und Geschirrgewöhnung, Leinengewöhnung, Rückruf oder Pfeife als Signal)
- Hat der Züchter die Welpen bereits an Reize herangeführt? (Spielzeug, Erkundungsspiele, Erkundungsspaziergänge)
- Haben die Welpen Kontakt zu weiteren Hunden, außer der Mutter, die erwachsen, sozialisiert und freundlich sind?

Der Welpe aus dem Tierschutz/Tierheim

Hast du auch darüber nachgedacht, dir einen Welpen aus dem Tierheim oder aus dem Tierschutz zu holen?

In erster Linie bin ich ein Befürworter davon, Tierheim oder Tierschutz als erste Anlaufstelle aufzusuchen. Leider warten nach wie vor Dutzende Tiere auf ein neues Zuhause.

Die Vorteile bei einer Auswahl aus dem Tierschutz/Tierheim sind:

- Aktive Unternehmung gegen Tierleid
- Neuer Platz im Tierheim für ein bedürftiges Tier
- Hund wird vor Vermittlung Tierärztlich untersucht und ggf. aufgepäppelt
- Kosten für den Hund ca. 200€ (Schutzgebühr)
- Rüden sind in der Regel kastriert (Einsparung der Tierarztkosten)

Leider gibt es auch Nachteile bei einer Anschaffung aus dem Tierschutz/Tierheim:

- Zum Teil uneinschätzbare Charaktere
- Oftmals Hundevorerfahrung notwendig
- Laufende Kosten unbekannt, da es sich auch um Hunde mit gesundheitlichen Einschränkungen handeln kann.

Letzten Endes musst du dich bei deiner Auswahl sicher und wohl fühlen, egal ob dein Welpe vom Züchter, aus dem Tierheim oder sogar aus dem Ausland vom Tierschutz stammt. Ich sehe es als Pflicht an, auf dieses sensible Thema hinzuweisen und eine Adoption an sich zu unterstützen, da unzählige Tiere in diesen Einrichtungen ein besseres Zuhause verdient haben.

Getreu dem Motto: „adopt, don't shop".

Der Welpe zieht ein

Bevor dein Welpe sein neues Zuhause betritt, solltest du einige Dinge erledigt haben, um deiner Fellnase zu einem angenehmen und gelungenen Einzug in die neue Umgebung zu verhelfen.

In den nächsten beiden Kapiteln zeige ich dir, welche Grundausstattung für dich und den Welpen zwingend notwendig ist.

Diese Produkte haben mir sehr weitergeholfen, als Nala noch im Welpenalter war – und manche tun es auch jetzt noch.

Ein kuscheliger Rückzugsort:

Grundausstattung

Für dich selbst als neuen Hundehalter wirst du einige Gegenstände benötigen, die du vielleicht schon zuhause hast. Falls nicht, empfiehlt es sich, sie anzuschaffen.

Nicht bei jeder Gassi-Runde wird das schönste Bilderbuchwetter herrschen und auch die wechselnden Jahreszeiten gilt es zu berücksichtigen.

Daher brauchst du für regnerisches Wetter eine gute Regenjacke und Gummistiefel.

Für normale Spaziergänge über die Felder empfehlen sich halbhohe Outdoor-Schuhe, die du auch gut im Winter tragen kannst.

Was ich an den kalten und nassen Tagen nicht missen möchte, sind Omas Wollsocken.

Als täglichen Begleiter auf der Gassirunde empfiehlt sich ein Leckerlibeutel. Meistens ist das eine Art Bauchtasche mit allen Must-haves wie Kotbeutel, Leckerlis, Pfeife sowie vielleicht ein Getränk für dich und ein kleines Spielzeug für den Hund. Der Vorteil: mit einem Griff zur Tasche hast du immer alles kompakt bei einem Spaziergang dabei.

Nun kommen wir zur Grundausstattung deiner Fellnase.

In den meisten Fällen ist ein Geschirr ratsam. Die Gegenüberstellung zwischen Halsband und Geschirr folgt im weiteren Verlauf im Kapitel „Halsband oder Geschirr". Damit das Geschirr gut sitzt, empfiehlt sich der Kauf in einem Fachhandel.

Am besten nimmst du deinen Welpen mit, damit dir die Fachverkäufer das passende Geschirr vorschlagen und direkt vor Ort einstellen. Ein guter Sitz des Hundegeschirrs ist enorm wichtig, damit der Hund beim Druckaufbau, z. B. durch Ziehen an der Leine, nicht verletzt wird.

Zum Geschirr benötigst du noch eine Leine. Ich rate dir zu einer verstellbaren Leine, die sich je nach Spaziergang anpassen lässt. So kannst du die Leine in der Stadt kurzhalten und auf dem Feldweg länger lassen.

Für einen größeren Auslauf empfiehlt sich eine Schleppleine. So kannst du deinem Hund einen größeren Radius gewähren, falls du dich noch nicht traust, ihn im Freien laufen zu lassen oder du in einem Gebiet spazieren gehst, in dem es eine Leinenpflicht gibt, wie z. B. oftmals in Wäldern.

Vorbereitungen zuhause

Der Welpe wird dein Leben zunächst komplett auf den Kopf stellen. Denk daran, dass für deine Fellnase alles neu ist und sie erst einmal ihre neue Umgebung erkunden muss.

Es dürfen keine Kleinteile oder kleinen Gegenstände in deinem Zuhause herum liegen, da der Welpe alles ins Maul nehmen wird. Steckdosen sollten kindersicher gestaltet und alle Teppiche für eine gewisse Zeit entfernt werden, bis der Hund stubenrein ist.

Sucht der Welpe sich eine Nagestelle, solltest du schnell reagieren. Besonders beliebt zum Annagen sind Schuhe, das Sofa oder die Türrahmen. Biete daher deinem kleinen Nager immer eine alternative an an dem er herum knabbern darf. Hierzu eignet sich Spielzeug oder ein Kuscheltier.

Der Welpe benötigt ein Schlafbett für die nächtliche Ruhephase sowie tagsüber einen separaten Rückzugsort. Das kann eine Art Transportbox sein, die als Höhle dient, eine Decke oder ein kuscheliges Hundebett.

Zum Fressen und Trinken empfiehlt sich ein Futter-Napf-System, das standhaft und nicht verschiebbar ist.

Bitte achte darauf, dass täglich frisches Wasser bereitsteht. Wenn du Zugang zu einem Garten hast und der Hund des Öfteren Zeit im Freien verbringt, solltest du auch draußen Trinkgefäße zur Verfügung stellen und sie täglich frisch auffüllen.

Zur Grundausstattung zählen außerdem Spielzeuge in Form von

einem Zerrspielzeug, Kauspielzeug, Intelligenzspielzeug, z. B. ein Schnüffelteppich, und ein Kuscheltier. Sie sind individuell nach den eigenen Vorlieben und denen des Hundes zu wählen. Ich erläutere dir die Beschäftigungsmethoden später noch genauer.

Abholung deines Hundewelpen

Nun ist der Tag gekommen, auf den du so lange hingefiebert hast! Du kannst deine kleine Fellnase abholen. Dieser Moment ist für den Welpen weniger schön, da er sich von seiner Mutter, seinen Geschwistern und den Züchtern, die ihn die ersten Wochen großgezogen haben, trennen muss. Neben dem traurigen Abschied steht dem Welpen ein aufregender Neuanfang bevor.

Für die Abholung solltest du einige Dinge beachten, die es allen Beteiligten leichter machen und sicherstellen, dass dein Welpe gut und sicher bei dir zuhause ankommt.

Für die Autofahrt ist eine geeignete Hundetransportbox notwendig, damit der Kleine in Sicherheit ist und ihm im Auto nichts passiert. Ist die Transportbox für einen ausgewachsenen Hund gedacht und für den Welpen zu groß, lege sie mit Kissen und Decken aus. Das macht es sicherer für deinen Welpen und außerdem schön gemütlich während der ersten Autofahrt mit dem neuen Besitzer.

Nach Absprache mit den Züchtern empfiehlt es sich, ein Kleidungsstück oder Spielzeug aus der Wurfkiste mitzunehmen, damit der vertraute Duft die Autofahrt und die Anfangszeit zuhause etwas erleichtert.

Eine Flasche Wasser und einen Wassernapf solltest du parat haben.

Vom Füttern würde ich abraten, da der Hund zum einen höchstwahrscheinlich keinen Hunger hat oder aufgrund der neuen

Situation und der Aufregung nicht fressen wird. Zum anderen kann dem Kleinen während der Autofahrt ein Malheur passieren. In manchen Fällen lässt sich das vor lauter Aufregung auch ohne direkte Fütterung nicht vermeiden.

Deshalb solltest du für diese Situation gewappnet sein und ein großes Handtuch als Unterlage im Auto sowie eine Rolle Küchenpapier zum Aufwischen dabei haben.

Zur Abholung sind zwingend Hundegeschirr und Leine mitzubringen, auch wenn du auf der Fahrt nicht anhältst. Ein Sicherheitsgurt für Hunde, der am Hundegeschirr festgemacht wird, sichert den Welpen im Auto zusätzlich. Diesen Gurt solltest du also unbedingt mitbringen. Er wird an einem Ende wie ein normaler Sicherheitsgurt im Gurtschloss fixiert. Der Karabiner am anderen Ende wird im Hundegeschirr eingehängt. Es empfiehlt sich, bei einer mehrstündigen Autofahrt jede Stunde eine kurze Rast einzulegen, damit der Welpe die Chance hat, sich zu erleichtern.

Zuhause angekommen solltest du ihm wieder die Gelegenheit zum Austreten geben, bevor ihr das Haus oder die Wohnung betretet, da wahrscheinlich die Blase vor lauter Aufregung drückt.

Drinnen wird die kleine Fellnase auf Entdeckungstour gehen und jeden einzelnen Raum inspizieren.

Du kannst den mitgebrachten Gegenstand aus der Wurfkiste in das Plätzchen des Welpen legen, damit er den Geruch aufnehmen kann und sich sofort heimisch fühlt.

Gebe deinem Welpen ausreichend Zeit die er benötigt um bei dir anzukommen.

Ernährung deines Welpen

In diesem Kapitel geht es um die verschiedenen Arten, wie du deinen Hund ernähren kannst. Ich unterscheide zwischen Trockenfutter, Nassfutter und Barfen.

Da viele mit dem Begriff „Barfen“ nicht vertraut sind werde ich dies später im Buch nochmals detaillierter erklären.

Natürlich willst du für deinen Hund nur das Beste.

Es gibt aber keine Nonplusultra-Empfehlung, wie du deinen Hund füttern solltest. Die Fütterung kann sehr unterschiedlich sein, da es auf den Hund ankommt und du verschiedene Dinge beachten solltest.

Der beste Weg ist hier nicht unbedingt der teuerste.

Wie findest du nun das ideale Futter für deinen Vierbeiner? Grundsätzlich stellen sich zwei Fragen: Ist das Futter für deinen Hund verträglich? Und wie gestaltet sich die Futtergabe bei dir im Alltag?

Deinem Welpen kannst du zunächst das gleiche Futter weiter füttern, dass er beim Züchter oder im Tierheim bekommen hat. Im Idealfall bekommst du von den Züchtern ein kleines Care-Paket für die ersten Tage mit nach Hause. Falls nicht, kannst du beim Kennenlernen und der Welpenauswahl nach der Futtersorte fragen, wenn die Welpenabgeber nicht schon selbst verraten, was sie füttern.

Leider ist die Verträglichkeit bei Hunden meiner Erfahrung nach ein großes Thema. Gerade im Welpenalter entwickelt sich der Magen noch und die eine oder andere Unverträglichkeit kann auftreten. Am besten findet ihr gemeinsam heraus, was dem Welpen guttut und was nicht.

Falls du das Futter umstellen musst, kann das verschiedene Ursachen haben, z. B. vom Welpenfutter zum Futter für erwachsene Hunde. Außerdem gibt es Futter für ältere Hunde, spezielles Diätfutter, High-Energy-Futter, hypoallergenes Futter bei Allergien oder Unverträglichkeiten oder Spezialfutter zur Unterstützung der Gesundheit.

Wichtig dabei ist, dass du das Hundefutter nicht vom einen auf den anderen Tag umstellen solltest .

In der Regel gelten fünf bis acht Tage Umstellzeit. Das neue Futter sollte dem alten Futter portionsweise untergemischt werden, bis die Umstellung vollends vollzogen ist.

Bei einer Umstellung der Futterart, z. B. von Trockenfutter zu Nassfutter, solltest du deinem Hund mehr Zeit lassen. In der Regel dauert dieser Wechsel zwei Wochen und auch dabei solltest du langsam und portionsweise vorgehen.

Trockenfutter

Trockenfutter sind kleine Pellets, die Hunde in der Regel gut vertragen. Der große Vorteil des Trockenfutters ist, dass die harten Pellets gut für die Kaumuskulatur des Hundes sind und gleichzeitig die Zähne reinigen.

Das Futter gibt es nicht nur speziell als Welpenfutter, sondern auch für Senioren, Allergiker und als Diätfutter.

Ein gutes Futter erkennst du nicht an der Zusammensetzung, sondern an den sogenannten analytischen Bestandteilen.

Dies bedeutet die prozentuale Zusammensetzung aus Rohprotein, Rohfett, Rohfaser, Rohasche, Calcium und Phosphor.

Oftmals wird der Fleischanteil des Frischfleisches vor der eigentlichen Futterherstellung deklariert, was wiederum sehr irreführend ist.

Frischfleisch besteht zu 70% aus Wasser, welches bei der Trocknung verloren geht.

Bei Welpen empfiehlt es sich, zu Beginn das Trockenfutter einzuweichen, da zum einen die Kaumuskulatur noch nicht ganz ausgebildet ist und es zum anderen im Magen nicht mehr aufquillt. Das hilft, damit der Welpe weniger Bauchschmerzen bekommt.

Nassfutter

Nassfutter, auch Feuchtfutter genannt, kommt bei Hunden aufgrund des intensiven Geruchs, der vom Menschen eher als unangenehm wahrgenommen wird, besser an als das Trockenfutter. Es besteht aus tierischen und pflanzlichen Produkten, wie z. B. Muskelfleisch, Innereien, Getreide, Mais, Weizen oder Reis. Dazu kommen tierische Fette und pflanzliche Öle sowie pflanzliche Nebenprodukte und Zusatzstoffe wie Mineralstoffe und Vitamine.

Das Nassfutter ist in der Verpackung bzw. Dose sehr lange haltbar, jedoch geöffnet schnellstens zu verbrauchen.

Barfen

Das Wort BARF kommt ursprünglich aus dem Englischen und bedeutet "born again raw feeders", was übersetzt „wiedergeborene Rohfütterer" heißt. Manche Menschen bezeichnen es auch als " bones and raw foods" oder " biologically appropriate raw food", was ins Deutsche übersetzt so viel heißt wie „Knochen und rohes Futter" und „Biologisches artgerechtes rohes Futter" bzw. „Biologisch artgerechte Rohfütterung".

So vielseitig und kompliziert wie alleine das Wort ist auch die Zubereitung und Zusammensetzung.

Barfen ist eine Ernährungsmethode, die ausschließlich naturbelassenes Futter wie rohes Fleisch, rohen Fisch, frische Innereien und Knochen beinhaltet. In den meisten Fällen kommen noch rohes Gemüse, Obst, Nüsse und kaltgepresste Öle zur Nahrung hinzu.

Ob Barfen gut oder schlecht für Hunde ist, bleibt weiterhin umstritten. Gegenüber dem Fertigfutter existieren keine ernährungsphysiologischen Vorteile, jedoch kann es schnell zu einer Mangelernährung kommen, wenn die Zusammensetzung des Barfens fehlerhaft ist.

Falls du dich für eine Barf-Ernährung entscheidest, musst du also stets auf die Zusammensetzung des Futters achten und dich entsprechend weiter im Detail damit befassen.

Erziehung deines Welpen

Die Welpenzeit bedeutet sehr viel Aufregung, nicht nur für den Hund, sondern auch für das Herrchen oder Frauchen.

Für beide Seiten ist dieses Abenteuer neu. Der Welpe soll sich bestmöglich an das neue Zuhause anpassen können. Dafür benötigt er klare Strukturen und Richtlinien. Du solltest bereits vor dem Einzug des Welpen in sein neues Zuhause deine Spielregeln aufstellen, was erlaubt ist und was nicht, damit sich dein Welpe daran orientieren kann.

Bietest du deinem Welpen zu viel Freiraum oder setzt ihm keine klaren Grenzen, kann es vorkommen, dass der Hund ein dominantes Verhalten entwickelt und dir auf der Nase herum tanzt.

Dies bedarf einiges an Trainingseinheiten auf die ich im Laufe des Ratgebers immer mal wieder aufgreifen werde.

Der Welpe kann sich am Anfang nicht sehr lange konzentrieren, sodass du eher kurze Trainingseinheiten mit 3-5 Minuten mit ihm durchführen solltest.

In der Schlafphase verarbeitet dein Welpe das Erlernte und tankt Kraft für die nächsten Trainingseinheiten. Wenn der Welpe müde oder hungrig ist, solltest du Übungen vermeiden, da dann seine Konzentrationsfähigkeit niedrig ist.

Den nachweislich besten Trainingserfolg erzielt dein Welpe mit positiven Verknüpfungen anstelle von Bestrafung, falls etwas nicht funktioniert. Hierauf gehe ich später im Kapitel „Keine Strafe, sondern Korrektur“ genauer ein.

Präge- und Sozialisierungsphase

Die Präge- und Sozialisierungsphase des Welpen ist eine enorm wichtige Grundlage für das spätere Verhalten deines Hundes.

In dieser Entwicklungsphase sollte der Welpe Dinge, die ihm später im Alltag begegnen werden, behutsam kennenlernen. Die Prägephase erstreckt sich von der vierten bis zur zwölften Lebenswoche.

In dieser Zeit lernt der Hund unter anderem, sozial kompetent zu werden. Daher ist es essenziell, mit ihm währenddessen gezielt gewisse Dinge zu üben, sie ihm zu zeigen und gemeinsam auszuprobieren. Welche diese sind habe ich dir gleich nochmals aufgelistet.

Dabei solltest du deinen Welpen nicht überfordern, indem du ihn nicht mit zu vielen neuen Situationen an einem Tag konfrontierst. Die Länge der einzelnen Einheiten sollte kurz gehalten werden, damit der Welpe nicht gestresst wird, denn das kann sich negativ auf seinen Lernfortschritt auswirken.

Sollte ein Welpe vor etwas Angst haben, tritt souverän auf und führe ihn langsam und mit Ruhe an die Gegenstände heran, um ihm so zu signalisieren, dass er sich nicht fürchten muss.

Indem du dich zu den Gegenständen hinbewegst und sie berührest, merkt dein Hund, dass er ihnen auch näherkommen kann. Sofern das Objekt es zulässt, kannst du Leckerlis darauf platzieren, die der

Hund dann sofort als Belohnung erhält.

Anhand dieser Checkliste kannst du deinen Hund in der Präge- und Sozialisierungsphase an Alltagsgegenstände und ihre Geräusche heranführen.

Haushalt:

- Kaffeemaschine
- Staubsauger
- Fernseher
- Diverse Küchengeräte
- Schüsseln, Teller, Besteck
- Fön

Draußen:

- Autos, Straßenverkehr
- Zug, Bus
- Mülltonnen
- Einkaufswagen
- Fahrrad, Inliner, Scooter
- Kinderwagen

Tiere & Menschen:

- Hunde verschiedener Rassen und verschiedenen Alters
- Sonstige Tiere (Katzen, Hasen, Pferde, Hühner)
- Menschen verschiedenen Alters
- Menschen mit Hüten, Mützen, Brille
- Menschen mit verschiedenen Kleidungsfarben

Sonstige Reize:

- Regen, Gewitter
- Feuerwerk
- Straßenlärm
- Baulärm
- Bahn fahren (1-2 Haltestellen optimal)
- Ausflug in die Stadt

Artgerechte Haltung

Für eine gesunde Beziehung zwischen Hund und Hundehalter ist eine artgerechte Hundehaltung essenziell und sollte unbedingt die Grundvoraussetzung sein!

Im Tierschutzgesetz ist die artgerechte Haltung folgendermaßen definiert: „Wer sich ein Tier anschafft oder betreut, muss das Tier seinen Bedürfnissen und seiner Art entsprechend angemessen pflegen und ernähren, sowie verhaltensgerecht unterbringen."

Die artgerechte Haltung ist abhängig von den individuellen Bedürfnissen des Hundes sowie seiner Rasse, seinem Gesundheitszustand, seinem Alter und seinem Charakter.

Eine artgerechte Haltung bedeutet auch das Zusammenleben in der Wohnung oder im Haus und nicht in einem Zwinger. Der Hund benötigt im Wohnbereich einen ruhigen und zugfreien Rückzugsort, der mit Hundebett, Korb oder Decke ausgestattet ist. Da der Hund sozialen Kontakt braucht, sollte dieser Ort möglichst zentral sein. Außerdem ist der tägliche Kontakt zu seiner Bezugsperson sowie regelmäßiger Kontakt zu Artgenossen immens wichtig für deinen Hund.

Pro Tag solltest du mindestens drei Spaziergänge am Tag einplanen, die dein Vierbeiner nicht nur für das kleine und große Geschäft nutzt, sondern auch für Spiel und Erziehung. Des Weiteren solltest du deinen Hund regelmäßig nie mehr als ein paar Stunden alleine lassen. Wenn er einmal alleine bleiben muss, sorge dafür, dass ausreichend Wasser zur Verfügung steht.

Für eine artgerechte Ernährung sollte es selbstverständlich sein, dass dein Hund mindestens einmal täglich Futter bekommt. Mehr über die Unterschiede des Futters findest du im Kapitel „Ernährung deines Welpen". Zur artgerechten Pflege deines Hundes gehört es auch, ihn regelmäßig zu kämmen und zu bürsten. Je nach Bedarf muss er auch geschoren beziehungsweise das Fell getrimmt werden.

Einmal im Jahr sollte ein Tierarzt deine Fellnase gesundheitlich durchchecken. Die Gelegenheit kannst du nutzen, um deinen Hund impfen zu lassen und sich über den Befall mit Würmern zu informieren. Sollte dein Hund Verletzungen haben oder auffälliges Verhalten zeigen, ist es selbstverständlich, ebenfalls einen Tierarzt aufzusuchen.

Bindung, Respekt und Vertrauen

Du möchtest natürlich nicht nur neben deinem Hund her leben, sondern ihr beide wollt ein richtiges Traumduo werden. Euer Verhältnis soll in jeder Lebenslage harmonieren und dein Hund soll dein bester Buddy werden.

In diesem Kapitel zeige ich dir, wie du dir mit einfachen Tipps und Tricks eine einzigartige Bindung, Respekt und Vertrauen zu deinem Hund bereits im Welpenalter aufbaust.

In den ersten Wochen ist dein Hund auf dich angewiesen. Er sucht bei dir Sicherheit und Schutz. Du bist für ihn der sichere Hafen und der Welpe orientiert sich an dir.

Liebe und Zuneigung erlangst du am schnellsten durch Futter. Du solltest gerade am Anfang jedes erfolgreiche Kommando mit Futter belohnen sowie den Blickkontakt deines Hund mit dir loben und ebenfalls honorieren.

Der Welpe ist generell jedem Futtergeber dankbar. Das kannst du bestärken, indem du das Hauptfutter direkt aus der Hand fütterst und nicht nur einen Napf auf den Boden stellst und den Hund daraus fressen lässt. Der Welpe frisst dir dann buchstäblich aus der Hand, was eine enorm positive Bindung zwischen euch herstellt.

Hunde sind sehr aufmerksam und können dich innerhalb kürzester Zeit genau lesen. Sie spüren, wie du dich fühlst, ob du traurig, angespannt oder gestresst bist. Im Gegenzug solltest auch du deinen

Hund genau beobachten, um ihn lesen zu lernen und ihm die notwendige Aufmerksamkeit schenken. Du musst auf seine Bedürfnisse eingehen, sobald er Anzeichen dafür wie Bellen oder Winseln zeigt. Zudem gilt es, seine Körpersprache richtig zu interpretieren. Ist er müde, überfordert, ängstlich oder doch aufnahmefähig für die nächste Trainingseinheit und empfänglich für neue Eindrücke?

Sei aufmerksam deinem Hund gegenüber – er dankt es dir!

Es wird nicht alles von Anfang an perfekt funktionieren, weshalb du dich in Geduld üben musst. Für deinen Welpen ist alles auf der Welt neu – so kann ein Spaziergang sehr aufregend und spannend sein. Dein Hund erfährt im Spaziergang in der Natur sehr viele Ablenkungen, sodass er nicht immer sofort reagieren kann. Zudem benötigt er Zeit, die gesprochenen Kommandos und Zeichen zu verarbeiten. Bleibe also ruhig, habe Geduld und zeige Verständnis!

Du bist für die Sicherheit und den Schutz deines Welpen verantwortlich. Sollte beim Spaziergang ein größerer Hund auf euch zukommen, gewähre deinem Welpen Schutz, indem er sich hinter dir verstecken kann, sofern ihn die Situation verängstigt oder verunsichert. Bestärke deinen Hund mit Lob und Futterbelohnungen, wenn er eine Sache gut macht, damit er zu einem selbstbewussten Hund heranwachsen kann.

Zusammengefasst solltest du deinem Welpen Verlässlichkeit und Vertrauen, klare Strukturen mit festgelegten Abläufen im Alltag, Empathie im Sinne von Rücksicht auf Bedürfnisse und vor allem Zeit geben, um sich einzuleben, mit der neuen Situation umzugehen und neue Dinge zu lernen.

Grundkommandos

Zu den Grundkommandos, die dein Welpe zuerst lernen sollte, gehören „Sitz“, „Platz“, „Bleib“ und „Aus“ oder „Schluss“.

Das Kommando „Sitz“ ist für deinen Welpen am einfachsten zu erlernen. Zunächst hält du ein Leckerli vor seine Nase und führst es langsam nach oben über den Hundekopf. Der Hund ist gezwungen, sich hinzusetzen, um das Leckerchen im Blick zu behalten. Sobald der Po des Hundes den Boden berührt, sprich das Kommando „Sitz“ aus und gib ihm zur Belohnung das Leckerli. Als Handzeichen für „Sitz“ eignet sich der gehobene Zeigefinger.

In der Ausgangsposition für „Sitz“ lässt sich auch das Kommando „Platz“ lernen. Du führst ein Leckerli von der Nase des Hundes langsam Richtung Boden und gleichzeitig etwas weg von ihm. So nimmt er bereits eine geduckte Haltung an, folgt weiter Richtung Boden und legt sich schlussendlich hin, um an das Leckerli zu gelangen. Sobald der Welpe im Platz liegt, sagst du das Wort „Platz“ und belohnst ihn mit dem Leckerli. Als Handzeichen für das Kommando eignet sich eine flache Hand mit Handfläche und Bewegung nach unten.

Das Kommando „Bleib“ oder „Warten“ musst du etappenweise aufbauen. Womöglich fällt es dem Welpen am einfachsten, wenn er sich in der Grundposition „Sitz“ oder noch besser im „Platz“ befindet, da die Hürde zum Aufstehen größer ist. Du stellst dich vor deinen Hund und sagst das Kommando „Bleib“, wenn er ruhig sitzt, und gehst in diesem Moment einen halben Schritt zurück.

Wenn dein Hund ruhig sitzen oder liegen bleibt, belohnst du ihn sofort. Tue das an dem Ort, an dem er geblieben ist, da du ja das „Bleiben“ trainieren möchtest.

Dieses Vorgehen steigerst du nach und nach. Geduld zahlt sich dabei aus. Denke daran, dass du eine Trainingseinheit mit kleineren Erfolgen positiv beenden solltest, da der Welpe dies somit auch positiv in Erinnerung behält.

Wichtig beim Kommando „Bleib“ ist zudem, dass du bei einer größeren Distanz (ab einem Schritt Entfernung) zunächst den Weg zurück gehst, bevor du den Hund belohnst. Ein häufig zu beobachtender Fehler ist, dass Hundebesitzer ihren Hund zu sich rufen, nachdem er gewartet hat. Der Hund wird so für das „Kommen“ und nicht für das „Bleiben“ belohnt. Als Handzeichen für „Bleib“ eignet sich eine offene Hand, mit der Innenseite zum Hund gerichtet, als eine Art Stopp-Signal.

Diese drei Regeln solltest du generell beherzigen: Geduld, das richtige Timing und ein positives Ende.

Das Kommando „Aus“ oder „Schluss“ ist gerade für Welpen ein sehr wichtiges Kommando, da sie auf ihren Entdeckungstouren hier und da Gegenstände finden, die nicht für sie gemacht sind. Die Beute wird nicht gerne geteilt und daher verteidigt. Im schlimmsten Fall findet dein Vierbeiner spitze oder giftige Gegenstände. Auch beim Apportiertraining muss der Hund die Beute dem Besitzer freiwillig zurückgeben.

Doch wie trainiert du am besten dieses scheinbar schwierige Kommando?

Die Lösung ist, deinem Welpen ein Tauschgeschäft anzubieten, sodass er gar nicht widerstehen kann und die Beute oder den Gegenstand freiwillig aus dem Maul fallen lässt. Sobald er das tut, folgt im Trainingsaufbau das Kommando „Aus" oder „Schluss". Später gibst du das Kommando, sobald er etwas im Maul hat.

Geeignet für einen Tausch sind z. B. Käse oder Fleischwurst. Das Kommando solltest du mit wenig gefährlichen Dingen zuhause üben. Das kannst du spielerisch angehen, wenn dein Welpe etwa mit einem Kuscheltier spielt. Gibt er sein Kuscheltier her und bekommt im Gegenzug eine richtig gute Belohnung, haben beide Parteien gewonnen. So verknüpft dein Hund das Hergeben der Beute mit etwas Positivem.

Wie wird der Welpe stubenrein?

Bis ein Welpe stubenrein wird, dauert es in der Regel vier bis sechs Monate. Es kommt dabei nicht nur auf die Größe und Lernfähigkeit des Hundes an, sondern auch darauf, wie sehr sich Frauchen oder Herrchen bemühen. Ein Welpe muss am Anfang bis zu zwölf Mal am Tag sein Geschäft verrichten. Daher ist es wichtig, dass du aufmerksam bist und die Anzeichen erkennst.

Die goldene Regel lautet: Dein Welpe muss sich wahrscheinlich nach dem Aufwachen, Essen und Spielen kurz erleichtern. Daher solltest du in den ersten vier bis sechs Monate den Welpen sofort nach diesen Aktivitäten raus aufs Gras, die Wiese oder einen bestimmten Toilettenbereich setzen.

Nach erfolgreichem Geschäft lobst du deinen Welpen und belohnst ihn mit einem Leckerli.

Das mag sich im ersten Moment komisch anhören, aber mit dieser Methode kannst du das „Pipimachen“ trainieren und planen.

Des Weiteren solltest du die Uhrzeit im Blick behalten und deinem Welpen vorsorglich alle zwei Stunden die Möglichkeit geben, sich zu erleichtern.

Höchstwahrscheinlich wird deinem Vierbeiner mal ein Unfall im Haus oder der Wohnung passieren. Bleib in diesem Fall ruhig und hinterfrage eventuell, ob du selbst aufmerksam warst und die Zeichen richtig gedeutet hast. Bleibe konsequent dran und habe

Geduld dann wird das schon mit der Zeit!

Die Stellen an denen das kleine Missgeschick passiert ist muss gründlich gereinigt werden, da der Hund sonst immer wieder an der gleichen Stelle sein Revier über markiert.

Nach dem spielen geht es raus:

Das Alleinebleiben üben

Hunde sind gerne in Gesellschaft, da sie Rudeltiere sind. Deshalb ist es umso wichtiger, dass du deinem Welpen so früh wie möglich schrittweise beibringst, alleine zu bleiben.

In den ersten Wochen ist es noch etwas zu früh, da du erst einmal dafür sorgen solltest, dass der Welpe dein Zuhause auch als seines wahrnimmt und sich dort sicher fühlt.

Womöglich hast du die Absicht, deinen Hund überall hin mitzunehmen und er muss nicht oft alleine bleiben. Im Alltag kann es aber passieren, dass du kurzfristig etwas erledigen musst oder den Hund an bestimmte Ort nicht mitnehmen darfst, wie z. B. in den Supermarkt oder in ein Restaurant.

Daher sollte er lernen, alleine zu bleiben und wie schon beschrieben trainierst du das aufbauend, indem du es langsam steigerst.

Schicke deinen Welpen auf seinen Platz bzw. seine Decke, wo er sich in seinem eigenen, sicheren Bereich befindet. Um das positiv zu besetzen, muss es für das Alleinebleiben eine besondere Belohnung geben. Sie sollte den Hund außerdem noch etwas beschäftigen und ablenken. Du kannst z. B. eine Handvoll Leckerlis im Zimmer verstreuen oder einen Kong mit besonderen Leckerlis oder Quark füllen, damit der Hund damit beschäftigt ist, die Leckereien herauszubekommen.

Dieses Vorgehen kann ein schönes Ritual werden, um für deinen Hund das Alleinesein positiv zu gestalten.

Weiter solltest du auch für akustische Ablenkung. Nachweislich sind Hunde entspannter, wenn der Fernseher oder das Radio laufen. Zum einen übertönt das für geräuschsensible Hunde störende Umgebungsgeräusche, zum anderen verbindet dein Vierbeiner die Geräusche vielleicht unterbewusst mit Entspannung, da im Alltag, wenn du zuhause bist, Fernseher oder Radio laufen.

Es sollte auch zum Ritual werden, dass du dich von deinem Hund verabschiedest, sodass er gezielt wahrnimmt, dass du jetzt gehst und nicht plötzlich und unerwartet verschwindest. Damit wird die Situation für deinen Hund berechenbarer.

Du kannst Sätze sagen wie „Ich komme gleich wieder" oder „Ich bin gleich wieder da". Tatsächlich haben Hunde kein Zeitgefühl und können nicht kontrollieren, wie lange du wirklich weg warst.

Am Anfang reicht es aus, wenn du du für eine kurze Zeit den Raum wechselst damit der Welpe keinen direkten Sichtkontakt zu dir hat. Anschließend steigerst du dies, indem du für 30 Sekunden vor die Türe gehst, kurz runter in den Keller, zum Briefkasten oder den Müll rausbringst. Wichtig ist, dass die Distanz, nahe aber dennoch nicht sichtbar für deinen Hund ist, da er so noch deinen Herzschlag spüren kann.

Das wiederholst du am Tag ein paar Mal. Weniger ist mehr – drei bis fünf Mal pro Tag reicht schon. Wenn du ein gutes Gefühl hast, kannst du die Zeitspanne langsam auf fünf Minuten steigern.

Damit du deinen Welpen im Blick hast, kannst du während deiner Abwesenheit eine Handykamera aufstellen oder einen Videoanruf starten, wenn ihr zu zweit seid.

Ihr müsst vor dem Verlassen des Raumes die Handykamera im Raum positionieren und den Videoanruf entgegennehmen und könnt somit die Videoübertragung als Livebild von außen beobachten.

Über die Tage steigerst du die Minuten immer weiter. Seid ihr bei einer halben Stunde angekommen, kannst du eine Runde um den Block gehen, damit der Welpe deine Herzschwingungen nicht mehr wahrnehmen kann.

Du steigerst die Minutenzahl natürlich nur, wenn das Alleinebleiben positiv beendet wird und dein Hund ohne Bellen oder Winseln zurechtkommt.

Sollte dein Hund unruhig werden, hast du ihn womöglich zu schnell zu lange alleine gelassen. Steigere dich langsam und gehe einen Trainingsschritt zurück.

Wenn dein Welpe bellt oder winselt, verfalle nicht in Panik und stürme wieder nach drinnen, sondern warte einen Augenblick ab, bis der Welpe sich etwas beruhigt hat und gehe erst dann zu ihm.

Bevor du ihn alleine lässt, solltest du deinen Hund auspowern und ihm die Chance geben, sich zu erleichtern. Direkt nach einem Spaziergang ist keine gute Zeit, das Alleinebleiben zu üben. Lass deinen Hund zunächst zur Ruhe kommen.

Ein weiterer Tipp ist, im Alltag deine Jacke und Schuhe an- und auszuziehen oder deinen Schlüsselbund in die Hand zu nehmen und damit zu klimpern, auch wenn du nicht die Absicht hast, die Wohnung zu verlassen. Damit verhinderst du, dass dein Hund auf diese Geräusche und Anzeichen konditioniert wird.

Andernfalls wird dein Hund jedes Mal aufspringen wenn er die

Geräusche von Schlüssel und Kleidung hört und eine Erwartung an dich haben.

Wenn du nach Hause kommst, begrüße deinen Hund kurz, ohne viel Aufhebens darum zu machen. Streichle ihn einmal und ignoriere ihn anschließend fünf Minuten lang, denn du möchtest ja das Alleinebleiben bestärken und nicht das Zurückkommen. Anschließend darfst du deine Fellnase natürlich wieder knuddeln.

Hundeschule oder Einzeltraining?

In diesem Kapitel klären wir die Frage, ob eine Hundeschule sinnvoll und wichtig ist oder ob du lieber in ein Einzeltraining investieren solltest.

Ab der vierten Lebenswoche ist der Welpe in der Sozialisationsphase. Alles, was er währenddessen lernt, prägt ihn und bereitet ihn auf sein weiteres Leben vor. In dieser Zeit ist es wichtig, den Hund an neue Menschen, Lebewesen, Gegenstände und alltägliche Situationen zu gewöhnen.

Dazu zählt die Sozialisierung mit anderen Hunden und Hundehaltern.

Für Stadthunde bietet eine Hundeschule den Vorteil, dass der Hund in einem eingezäunten grünen Bereich frei herumtoben kann, während in der Stadt grundsätzlich die Leinenpflicht gilt.

Bevor du dich in einer Hundeschule anmeldest, solltest du deinem Welpen genügend Zeit geben, zuhause anzukommen und seine neue Umgebung kennenzulernen. In der Regel empfiehlt es sich, ab der zwölften Lebenswoche mit dem Welpen zur Hundeschule zu gehen.

Hundeschulen sind sehr unterschiedlich, daher möchte ich dir ein paar Tipps und persönliche Erfahrungen an die Hand geben, auf die es bei der Wahl der Hundeschule ankommt.

Die Hundeschule sollte von einer professionellen Hundetrainerperson mit entsprechender Qualifikation geleitet werden. In der Regel gibt es ein erstes Kennenlernen, bei dem sich die Hundeschule in einem Gespräch vorstellt, deinen Welpen das erste Mal zu Gesicht bekommt und einordnen kann.

Gerade im jungen Hundealter ist es enorm wichtig, dass die anderen Welpen auf dem gleichen Entwicklungsstand sind und die Gruppe aus unterschiedlichen Rassen besteht. Die Welpen sollten in etwa gleich groß und schwer sein. Ein Hundetrainer sollte maximal sechs Hunde gleichzeitig im Kurs betreuen, um alle im Blick zu haben.

Besonders wichtig ist, dass die Einheit bzw. der Kurs gut strukturiert ist. Es ist z. B. nicht sinnvoll, die Hunde nur frei herumrennen und spielen zu lassen. Das kann sich später im Alltag negativ auf weitere Hundebegegnungen auswirken.

Der Kurs sollte abwechslungsreich aus Spieleinheiten mit Ruhephasen, Trainingseinheiten zu Grundkommandos und der Konfrontation mit verschiedenen Umweltreizen bestehen.

Die Kosten eines Besuches in der Hundeschule liegen zwischen 10- und 25 Euro. Sie unterscheiden sich von Anbieter zu Anbieter. Viele Hundeschulen bieten

Fünfer-, Zehner- oder Monatskarten an, mit denen du einen kleinen Rabatt bekommst.

Die Vorteile einer Hundeschule im Überblick:

- Dein Welpe trifft auf andere Welpen und stärkt seine soziale Fähigkeit.
- Gezielte Trainingseinheiten lassen deinen Hund stress- und angstfrei durch verschiedene Situationen im Alltag kommen.
- Lernen und Festigen der Grundkommandos
- Austausch mit anderen Hundehaltern
- Bindungsstärkung zwischen Hund und Mensch
- Wertvolle, professionelle Tipps für den Alltag und bei individuellen Problemen
- Stadthunde genießen problemfreien Auslauf ohne Leine

Heutzutage gibt es auch Online-Hundeschulen. Der Vorteil ist, dass du die Kursinhalte als Videos zugeschickt bekommst und sie zeitunabhängig konsumieren kannst. Preislich sollte die Online-Variante etwas günstiger ausfallen als die klassische Hundeschule. Der klare Nachteil ist jedoch, dass der soziale Hunde-, sowie Hundehalterkontakt fehlt.

Falls du dich für eine Online-Variante entscheidest, kannst du dir diese Online-Hundeschule, die Deutschlands bekanntester Hundetrainer empfiehlt, anschauen.

Im Gegensatz zur Hundeschule empfiehlt sich ein Einzeltraining vor allem zum Erlernen von Kommandos wie dem Rückruf, des Laufens an der Leine oder des Vorbeigehens an anderen Hunden beim Spaziergang. Auch um individuelle Probleme, die von Hund zu Hund unterschiedlich sind, anzugehen, ist ein Einzelstraining ratsam.

Einzelstunden sind etwas teurer (ab 40 bis zu 100 Euro), bieten jedoch eine intensive 1:1-Betreuung. Der Hundetrainer geht individuell auf dich, deinen Hund und eure Probleme ein. Des Weiteren können Einzelstunden gezielt dafür genutzt werden, Kommandos aufzubauen. Dabei kommt es auf die Erfahrung und Qualifikation des Hundetrainers an.

Keine Strafe, sondern Korrektur

Im Alltag wird es immer wieder vorkommen, dass dein Hund nicht das tut, was du von ihm verlangst. Ich zeige dir, wie gelingt es dir als Hundehalter gelingt, das Fehlverhalten des Welpen richtig zu stellen.

Man unterscheidet zwischen Strafe in der alten Hundeerziehung und Korrektur in der modernen Erziehung. Wie unterscheiden sich diese beiden Varianten?

Eine Bestrafung ist es, wenn du mit dem Hund schimpfst, weil er sich nicht so verhält, wie du es gerne hättest. Oftmals neigen wir durch unsere eigenen Emotionen zum Schimpfen. Das hängt auch stark von unserer Tagesform ab.

Dein Hund merkt zwar, dass du verärgert bist, aber du gibst ihm nicht zu verstehen, wo genau der Fehler liegt. Wenn der kleine Welpe zum Beispiel ein Kissen kaputt gemacht oder im Wohnzimmer uriniert hat, während du nicht da warst und du nach deiner Rückkehr mit ihm schimpfst, kann der Hund das nicht mehr mit der Situation verknüpfen, da er kein Zeitgefühl hat. Daher ist Schimpfen nicht nur sinnlos, sondern auch unangemessen. Es kann zu einer ängstlichen oder aggressiven Reaktion führen und die Bindung zu deinem Hund beeinträchtigen.

Von einer Korrektur spricht man hingegen, wenn du den Fehler des Hundes sofort beanstandest, zum Beispiel durch eine strenge

Stimme oder Assoziation, ein klares „Nein“ oder „Lass das“. Mit dieser Methode wirst du mehr Erfolg haben, denn sie ist für einen Welpen im Gegensatz zur Bestrafung wirksam.

Den besten Lernerfolg erzielst du durch positive Bestärkung. Damit arbeitest du nicht gegen Fehler, sondern bestärkst mit Lob und Leckerlis das aktuelle, gute Verhalten des Hundes. Dein Hund neigt dazu , von dir positiv besetztes Verhalten zu zeigen. So kannst du deinen Hund beispielsweise, wenn er bei lockerer Leine direkt neben dir „Fuß“ laufen soll, so lange loben, wie er optimal an der Leine Fuß läuft.

Ein weiteres Beispiel ist die Stubenreinheit. Lobe deinen Hund, wenn er sein Geschäft im Gras verrichtet. So lernt er, dass dieses Verhalten positiv bestärkt wird und wird es in der Zukunft wieder so machen, da er dafür Lob und Anerkennung bekommt.

Wenn du ehrlich bist, hilft es uns Menschen auch nicht, wenn man nur meckert, schimpft oder kritisiert. Auch wir werden bestärkt durch Lob und Anerkennung und entwickeln dadurch mehr Freude bei dem, was wir tun.

Halsband oder Geschirr?

Zu Beginn des Buches habe ich die Entscheidung zwischen Halsband und Geschirr kurz angerissen. Als Hundebesitzer wählst du für deinen Hund zwischen Halsband und Geschirr. Dabei stehen weder Bequemlichkeit, schnelles Anlegen oder der dekorative Aspekt im Vordergrund.

Bei dieser Entscheidung geht es vielmehr um die Gesundheit deines Hundes. Gerade junge Hunde und Welpen müssen sich an die Leine und die damit einhergehende Begrenzung zunächst gewöhnen.

Ich persönlich empfehle dir, deinem Welpen auf jeden Fall ein Geschirr anzulegen. Diese Ansicht vertreten auch beinahe alle Hundeschulen. Wie alle Lebewesen sind Hunde sehr empfindlich am Hals, wo das Halsband sitzt. Wenn der Hund an der Leine zieht oder vor Aufregung oder im Spiel unerwartet das maximale der Leine in Anspruch nimmt und somit einen Widerstand verspürt, kann das böse Folgen für ihn haben. Am Hals können die Luftröhre, die Wirbelsäule und die einzelnen, feinen Nackenwirbel leicht verletzt werden.

Der größte Vorteil eines Geschirr gegenüber einem Halsband besteht darin, dass sich der Druck gleichmäßig verteilt und die Halsregion großzügig ausgespart ist.

Ein weiterer Mehrwert ist, dass du deinen Hund beispielsweise in unwegsamem Gelände oder unsicheren Situationen am Geschirr hoch- oder aus etwas herausziehen kannst.

Zudem ist ein ängstlicher Hund mit einem Geschirr besser gesichert, während er sich aus einem Halsband leichter herauswinden kann.

Auch bei einem Geschirr gibt es viele Dinge zu beachten, die gegebenenfalls gesundheitliche Schäden verursachen können. Es ist wichtig, dass das Geschirr perfekt passt. Als Praxistipp empfehle ich dir, mit deinem Welpen einen Hundeshop oder Tierladen aufzusuchen, um dich dort vom Fachpersonal beraten zu lassen. Die Fachkräfte in Hundeshops sind erfahren und wissen, wie ein Hundegeschirr angelegt wird und wann es perfekt sitzt. Grundsätzlich solltest du auf die folgenden Dinge achten:

- Das Geschirr darf nicht zu eng sein.
- Die Achseln müssen frei sein und es darf nicht scheuern.
- Die Schulterblätter dürfen nicht von einem Gurt bedeckt werden.
- Die Gurte sollten weich und breit sein, gegebenenfalls gepolstert.
- Der Metallring im Brustbereich darf nicht auf den Brustbeinknochen drücken.

Sollte der Welpe das Tragen eines Geschirrs als unangenehm empfinden, habe ich folgende Tipps für dich:

1. Lege das Geschirr vor dem Fressen an. So verknüpft dein Welpe Futter mit dem Tragen eines Geschirrs.
2. Gestalte die Situationen, in denen dein Hund das Geschirr trägt, abwechslungsreich und interessant, sodass das Geschirr zur Nebensächlichkeit wird.
3. Steigere die Tragedauer nach und nach. Beginne dabei mit einer kürzeren Zeit, in der dein Hund das Geschirr trägt.

Leinenauswahl

Nach der Entscheidung für Geschirr oder Halsband folgt die Frage, welche die richtige Leine für deinen Hund ist.

Ich stelle dir hier die gängigsten Leinenarten und ihre Anwendung vor.

Die Führleine:

Die Führleine ist die bekannteste und am häufigsten verwendete Hundeleine. Sie ist in der Regel 1,5 bis 3 Meter lang und wird am Halsband oder Geschirr befestigt.

Die Führleine ermöglicht dir, wie der Name verrät, gute Kommunikation mit und somit gute Kontrolle über deinen Hund.

Du brauchst sie im Alltag beim Spazierengehen auf der Straße, in Hundeparks und in der Stadt, wenn viele Menschen unterwegs sind.

Die Führleine ist für jeden Hund geeignet, egal ob groß oder klein, außerdem für Welpen, für unsichere Hunden und während des Leinentrainings.

Für eine Führleine, wie ich sie selbst mit meinem Hund im Alltag benutze, gibt es eine klare Empfehlung von mir.

Die Flexileine:

Die Flexileine wird auch Rollleine genannt und hat einen Rollmechanismus im Haltegriff, der die Leine immer sofort und gleichmäßig aufrollt – auf den ersten Blick ziemlich praktisch.

Doch praktisch ist nicht immer gleich vorteilhaft, vor allem, wenn es um deinen Welpen geht.

Die Flexileine ist durchschnittlich 4 bis 10 Meter lang und ermöglicht so einen größeren Auslauf als die Führleine.

Ein Nachteil der Flexileine ist, dass sie durch den Rollmechanismus immer gespannt ist. Der Hund zieht daher dauerhaft an der Leine. Das solltest du, gerade im Hinblick auf eine saubere Leinenführigkeit, vermeiden.

Ebenfalls unvorteilhaft ist, dass du den Leinenzug mit einem Knopf abrupt stoppen kannst und der Hund mit einem Ruck zum Stehenbleiben gezwungen wird.

Weiter darf eine Flexileine nicht an einem Halsband befestigt werden, da sich der Hund beim abrupten Stoppen verletzen kann.

Die Schleppleine:

Bei einer Schleppleine handelt es sich um eine 5 bis 50 Meter lange Leine. In der Regel benutzt man sie zwischen 5 und 15 Metern. Die Schleppleine eignet sich hervorragend auf dem Feld oder im Wald, wenn du deinem Hund keinen Freilauf zutraust oder gewähren möchtest. Sie dient auch als Vorstufe zum Freilauf.

Du solltest allerdings darauf achten, dass der Rückruf mit deinem Welpen bereits funktioniert, da es zu bösen Verletzungen kommen kann, wenn der Hund ausreißt.

Hab auch ein Auge darauf, wo sich der Rest der Leine auf dem Boden befindet, um nicht umwickelt zu werden und zu stürzen.

Auch für eine läufige Hündin ist eine Schleppleine der beste Kompromiss zwischen angeleintem Hund und genügend Freilauf.

Ich persönlich nutze je nach Anwendung eine sieben Meter sowie eine 15 Meter lange Schleppleine.

Vorsicht: Je schwerer der Hund und je länger die Leine ist, desto eher kann es bei einem impulsiven und ruckartigen Reiz des Hundes vorkommen, dass du mitgerissen wirst.

Wenn dein Spaziergang durch Siedlungen oder Wohngebiete führt, kannst du die Schleppleine aufwickeln und deinen Hund kürzer nehmen.

Leinen gibt es in verschiedenen Materialien.

Persönlich habe ich zu einer Schleppleine aus Biothane gegriffen, da sie robust und abwaschbar ist und sich bei Nässe nicht vollsaugt.

Körpersprache des Hundes

Ein Hund kann sich nicht nur über laute Äußerungen mitteilen, sondern kommuniziert auch sehr stark mit seiner Körpersprache. Sie beinhaltet Mimik und Gestik. Es ist enorm wichtig, die Körpersprache deines Hundes zu kennen, um dich in ihn hineinzuversetzen und so gewisse Situationen besser einzuschätzen. Gerade zu Beginn der Beziehung zu deinem Welpen ist es essenziell, auf die Körpersprache zu achten, da er damit schon verschiedene Bedürfnisse mitteilen kann.

Wie sieht die Körpersprache beim Hund aus?

Sie lässt sich in vier verschiedene Ebenen einteilen:

Akustische Signale wie Bellen, Heulen und Jaulen gebrauchen Hunde nur, wenn sie keinen Sichtkontakt haben. Sie sind somit isoliert nützlich.

Zur Gestik zählen optische Signale wie Körperhaltung, Bewegungen der Rute sowie Stellung der Ohren. Sie können auch gedeutet werden, wenn der Hund etwas vom Gegenüber entfernt ist.

Die Mimik geschieht im Gesicht; vor allem die Augen und die Lefzen vermitteln verschiedene Botschaften.

Die letzte Ebene ist die Positur. Hier geht es um Merkmale von Körperhaltung und Körperspannung.

Im Folgenden erkläre ich dir die verschiedenen Gemütszuständen deines Hundes entsprechende Körpersprache.

Glücklich: Ist der Hund fröhlich und glücklich, erkennst du das an einer wedelnden Rute. Die Mimik wirkt fröhlich und aufmerksam.

Verspielt: Dein Hund fordert dich durch fröhliches Bellen oder durch Verneigen zum Spielen auf, wenn er seine Vorderpfoten ausstreckt, den Brustkorb Richtung Boden neigt und mit der Rute wedelt.

Misstrauisch: Wenn dein Hund misstrauisch ist, weil er zum Beispiel etwas nicht versteht oder noch ein wenig Zeit benötigt, um die Lage zu beurteilen, erkennst du das daran, dass die Ohren flach am Kopf angelegt sind, die Haltung starr ist und die Augen misstrauisch blicken.

Unsicher: Unsicherheit zeigt dein Hund, wenn er hin- und hergerissen ist und nicht genau weiß, wie er sich in einer Situation verhalten soll. Der Hund gähnt, kratzt sich oder er streckt sich zum herabschauenden Hund. Man spricht auch von einer sogenannten Übersprungshandlung.

Dies ist ein innerer Konflikt des Hundes zwischen zwei möglichen Reaktionsweisen. Wenn diese beiden Interessen gleich stark motiviert sind, springt er in eine dritte Verhaltensweise die mit den beiden anderen nichts zu tun hat und wirkt somit deplatziert.

Gestresst: Ist dein Hund gestresst erkennst du das ebenfalls am Gähnen oder am Lecken über die Lefzen.

Nervös: Ist ein Hund nervös, weil er nicht versteht, was gerade passiert, oder etwas nicht in Ordnung zu sein scheint, läuft er hin und her.

Distanz: Auch ein Hund möchte in bestimmten Situationen Abstand zu Menschen oder anderen Tieren. Der Hund signalisiert die Suche nach Distanz, indem er den Blick abwendet und in eine starre Position verfällt.

Ängstlich: Wenn dein Hund Angst hat, braucht er Hilfe, nämlich dich. Gib ihm den Schutz, den er benötigt, indem du ihm gut zuredest oder neben ihm in die Hocke gehst.

Die Körpersprache eines ängstlichen Hundes sind tiefsitzende und angelegte Ohren, ein gewölbter Rücken und eine zwischen den Beinen eingeklemmte Rute.

Aggressiv: Wenn dein Hund eine aggressive Haltung zeigt, ist äußerste Vorsicht geboten. Er signalisiert, dass man ihm besser nicht zu nahe kommt und gibt eine erste Warnung ab. Das ist der Fall, wenn seine Augen halb geschlossen und die Pfoten zum Springen bereit sind, wenn er knurrt, die Zähne fletscht oder bellt.

Nun hast du die Körpersprache deines Hundes theoretisch gelernt. Achte ganz bewusst auf sie, um die Bedürfnisse deines Hundes zu erkennen, sodass du optimal darauf reagieren und eingehen kannst.

Bellen

Dass Hunde bellen, ist normal. Es dient z. B. zur Kommunikation untereinander und dazu, dem Besitzer bestimmte Anforderungen zu signalisieren.

Bellen kann verschiedenen Bedeutungen haben:

- Affektives Bellen bei Nervosität oder Aufregung
- Affektives Bellen bei Angst
- Aufmerksamkeitsbellen
- Frustrationsbellen
- Abwehr- oder Verteidigungsbellen
- Bellen auf Kommando

Jedes Bellen ist je nach Situation, Hund und Hunderasse unterschiedlich. Am häufigsten wird dein Hund bellen, weil er Aufmerksamkeit sucht.

Sollte dein Hund andauernd bellen, kann das folgende Ursachen haben:

Langeweile

Dein Hund ist nicht ausreichend beschäftigt und möchte gefordert werden. Übe mit ihm ein paar Kopfkommandos, indem du mit ihm Kommandos machst bei denen er nachdenken muss oder gestalte den Spaziergang spannender, indem du Leckerli Suchspiele oder sonstige Kommandos mit einbringst.

Einsamkeit

Dein Hund ist einsam und möchte nicht alleine sein. Durch Bellen drückt er sein Gefühl der Verlassenheit aus. Sei bei Ihm und gebe ihm etwas Nähe.

Aufmerksamkeit

In den meisten Fällen bellt dein Hund, weil er Aufmerksamkeit benötigt. Das kann verschiedene Gründe haben. Daher braucht es ein spezielles Training, um die Lautstärke und das grundsätzliche Bellverhalten zu analysieren und in den Griff zu bekommen.

Hobbys für jede Hunderasse

In diesem Kapitel, das sich in verschiedene Einzelkapitel unterteilt, zeige ich dir verschiedene Spiele und Aktivitäten, die sich für deinen Welpe zu echten Hobbys entwickeln können.

Grundsätzlich wird ein rein läuferischer Spaziergang deinen Hund nicht vollständig fordern. Durch zusätzliches Spiel und Kopfarbeit sorgst du für die richtige Auslastung, die euch beiden Spaß machen wird.

Jeder Hund, aber auch jede Hunderasse hat individuelle Vorlieben, die du herausfinden solltest. Grundsätzlich solltest du dich bereits mit der Rasse deines Welpen auseinandergesetzt haben und weißt vielleicht schon, an welchen Aktivitäten dein Welpe vermutlich Freude haben wird.

Probier es einfach aus und du merkst schnell, ob dein Hund an einem Spiel Freude hat oder nicht.

Diese hier aufgeführten Aktivitäten und Hobbys sind eine kleine Auswahl für die Beschäftigung deines Hundes.

Versuche, diese Maßnahmen in den Alltag zu integrieren. Damit sorgst du für Abwechslung und es wird weder dir noch deinem Hund langweilig.

1. Zerr- und Raufspiele

Tauziehen und Zerfen mit dem Hund kann Spaß machen, aber auch gefährlich sein.

Gerade mit Welpen solltest du vorsichtiger sein bzw. gar nicht zerfen, da es im Eifer des Gefechts zu unschönem Verhalten, knurren, Zähne fletschen oder Verletzungen kommen kann.

Gerade beim Zerrspiel bringst du deinen Hund blitzschnell in den höchsten Zustand der Leistungsfähigkeit.

Da sich die Zähne des Welpen noch im Wachstum befinden, solltest du beim Zerfen auf die Stärke achten und immer wieder Pausen einlegen, damit der Hund sich nicht zu sehr in das Spiel hineinsteigert und seine Zähne darunter leiden.

Solltest du merken, dass dein Welpe schon zu Beginn aggressives Verhalten zeigt, stoppe das Zerrspiel sofort und mache mit anderen Kommandos, Übungen und Spielen weiter.

Gerade Hunde, die in Bezug auf ihre Beute aggressives Verhalten zeigen, werden knurren und im schlimmsten Fall schnappen oder beißen.

Grundsätzlich solltest du immer die Kontrolle haben und das Spiel jederzeit mit dem Kommando „Schluss“ oder „Aus“ beenden können.

Dies gelingt dir zunächst spielerisch, indem du immer wieder den Zerf-Gegenstand gegen gute Leckerlis tauscht und der Hund merkt, dass sich die Abgabe des Gegenstandes für ihn lohnt. Später kann es Belohnung genug sein, ihm das Spielzeug wiederzugeben und weiterzuspielen.

2. Apportierspiele

Das Wort Apportieren kommt vom lateinischen „apportare", das übersetzt „herbeibringen" bedeutet.

Ursprünglich wurde dieser Begriff verwendet, wenn der Jagdhund das vom Jäger geschossene Feder- oder Niederwild zu ihm brachte.

Die dafür ausgebildeten Hunde nennt man Apporteure oder Retriever.

Natürlich musst du kein Jäger sein, um mit deinem Hund Apportieren zu üben. Dazu werden Gegenstände wie zum Beispiel Bälle, Frisbees, Dummys, die umgangssprachlich Futterbeutel oder Jutesäckchen genannt werden, sowie andere Gummispielzeuge verwendet.

Man unterscheidet zwei Varianten des Apportierens. Zum einen kannst du den Gegenstand werfen und der Hund muss ihn dir auf Kommando wieder bringen.

Zum anderen kannst du den Gegenstand verstecken, der Hund muss ihn aufspüren und anschließend zu dir zurückbringen.

Ob dein Welpe zum Apportieren geeignet ist, kannst du bereits in der Anfangszeit beobachten. Hat er Interesse daran Gegenstände aufzunehmen und herumzutragen, kannst du das sofort loben und mit einem Leckerli belohnen.

Auch das ist wieder ein Tauschgeschäft: Dein Welpe bringt dir etwas und erhält dafür eine Belohnung.

Wie trainierst du mit deinem Hund erfolgreich das Apportieren?

Wie bei allen Übungen solltest du dich langsam steigern, indem du wie gerade beschrieben mit kleineren Tauschgeschäften startest.

Wenn der Welpe das Prinzip verstanden hat, soll er lernen, den Befehl nur auf Kommando auszuführen. Du kannst dazu Worte wie zum Beispiel „apport“ oder „bring“ verwenden.

Lege den Gegenstand vor den Hund und fordere ihn mit dem Kommando auf, dir den Gegenstand in die offene, flache Hand zu geben.

Ich empfehle dir, zunächst zu Hause zu üben und den Hund die Übung statisch statt dynamisch, sprich ohne Werfen des Gegenstandes, ausführen zu lassen.

Wenn das funktioniert, kannst du das Training ins Freie verlagern. Perfekt geeignet dafür ist der eigene Garten; sollte dir kein Garten zur Verfügung stehen, kannst du auf einer großen Wiese üben. Du solltest darauf achten, dass die Umgebung deinen Welpen nicht ablenkt, sodass der sich voll und ganz auf die Übung konzentrieren kann.

Der nächste Schritt ist, den Gegenstand zu werfen und deinen Hund per Kommando zu bitten, ihn wiederzubringen. Achte darauf, dass dein Hund erst nach deinem Kommando losläuft. Nachdem er den Gegenstand aufgenommen hat, kannst du ihn anfeuern und ihm so signalisieren, dass er den Gegenstand zu dir bringen muss.

Sollte dein Welpe nach Aufnahme des Gegenstandes nicht zu dir kommen, sondern mit der Beute spielen, empfehle ich dir, den Gegenstand an einer Schleppleine zu befestigen, sodass du die volle

Kontrolle hast und ihn wieder zu dir ziehen kannst.

Apportieren ist also nicht nur eine perfekte Freizeitbeschäftigung, sondern dient – richtig eingesetzt – als hilfreiche und praktische Erziehungsmethode.

Also: Los und üben, üben, üben!

3. Arbeiten mit der Nase

Das am besten ausgeprägte Organ des Hundes ist die Nase. Für dich ist es ein Muss, dieses Sinnesorgan bei deinem Welpen zu fordern und fördern. Die Nasenarbeit entspricht der natürlichen Begabung des Hundes. Du kannst sie leicht im Alltag auf der täglichen Runde durchführen. Deinem Hund macht sie tierisch viel Spaß und lastet ihn kopfmäßig aus. Baue verschiedene Nasenübungen Schritt für Schritt auf und übertreibe es nicht, indem du deinem Hund zu viel anbietest. Wie schon erwähnt kannst du deinen Welpen damit sehr gut auspowern.

Um die Geruchspartikel über die Nasenhöhle aufzunehmen, benötigt dein Hund Feuchtigkeit. Daher solltest du bei Nasenübungen immer genug Wasser zur Verfügung haben.

Die Übungen zur Nasenarbeit kannst du vom Welpen bis zum Senior einsetzen. Es ist beachtlich, welche Fähigkeiten ein Hund nur aufgrund seines Geruchssinnes hat. Dazu zählt, einen versteckten Gegenstand zu finden oder eine Fährte zu einem anderen Menschen über Kilometer weit zu verfolgen. Bis sich der Hund allerdings zu einem wahren Fährtenprofi entwickelt, braucht es lange und intensive Arbeit.

Wie bringst du die Nasenarbeit in eurer täglichen Runde ein?

Suche dir auf eurem Spaziergang ein kleines Stück Wiese, auf dem ihr üben könnt. Konzentriere den Blick deines Welpens auf dich, zeige ihm eine Handvoll Leckerlis und wirf sie auf die Wiese.

Schicke nun deinen Welpen mit dem entsprechenden Kommando,

z. B. „Such", los, um die Leckerlis, seine Belohnung, zu erschnüffeln.

Um diese Übung zu steigern, kannst du die Leckerlis auf verschiedenen Ebenen, wie zum Beispiel Felsen, Baumstämmen, in der Baumrinde usw. verteilen. Dabei lernt dein Hund, im dreidimensionalen Raum zu suchen.

Achte darauf, die Verstecke immer wieder zu variieren, da dein Vierbeiner deine Lieblingsverstecke schnell durchschaut.

Alternativ oder bei schlechtem Wetter kannst du die Suche nach Leckerlis mit deinem Welpen am Anfang in den eigenen vier Wänden üben.

Ganz wichtig: Bring deinem Welpen von Anfang an bei, dass er nur auf Kommando loslaufen darf. Damit verhinderst du, dass dein Hund Essensreste oder sonstige Gegenstände vom Boden aufnimmt.

Eine weitere Nasenübung besteht darin, deinen Hund an einem Platz warten zu lassen, während du im nächsten Gebüsch, hinter einem Stromkasten oder Laternenpfahl oder hinter der nächsten Weggabelung einen Gegenstand oder ein Spielzeug versteckst, das er auf Kommando suchen kann. Achte darauf, dass du nach dem Verstecken zunächst zu deinem Welpen zurückkehrst, das Kommando „Bleib" oder „Warte" auflöst und erst dann das Kommando, sowie ein Handzeichen zum Suchen gibst.

Eine weitere Möglichkeit, die ich dir zeigen möchte, ist das Verlieren von Gegenständen beim Spaziergang.

Dafür eignen sich der Futterbeutel, ein altes Geschirrtuch oder ein

Spielzeug, das du auf dem Spaziergang dabeihast.

Im besten Fall läuft der Hund bei dir oder im freien Lauf vor dir. Nun solltest du den Gegenstand möglichst unauffällig auf den Boden legen bzw. fallen lassen, ohne dass der Hund es mitbekommt.

Gib deinem Hund nun das Kommando, den verlorenen Gegenstand zu suchen.

Ich habe dafür das Kommando „Lost“ (dt.: verloren) und ein Handzeichen eingeführt. Dein Hund geht nun die Spur zurück und findet im besten Fall seinen Gegenstand.

Nach der Aufnahme des Gegenstandes kannst du deinen Hund dazu auffordern ihn dir wieder in die Hand zu bringen. Anschließend kannst du belohnen.

4. Abwechslungsreicher Spaziergang

Hunde benötigen Abwechslung, auch beim Spaziergang.

Das Ziel ist, dass ihr gemeinsam spazieren lauft und nicht an der Leine nebeneinander her.

Dein Welpe will in der Anfangszeit alles Mögliche entdecken. Deshalb ist es wichtig, die Routen der Spaziergänge immer wieder unterschiedlich zu gestalten. So nimmt der Welpe andere Umgebungen, Untergründe und Reize wahr.

Als Faustregel für die Spaziergangslänge mit Welpen gelten fünf Minuten bis maximal die Anzahl der Lebenswochen in Minuten.

Das ergibt folgende grobe Richtwerte:

10 Wochen = 10 Minuten

15 Wochen = 15 Minuten

6 Monate = 30 Minuten

9 Monate = 45 Minuten

Du solltest deinem Hund während des gesamten Spaziergangs deine volle Aufmerksamkeit schenken, nicht in Gedanken abschweifen oder am Smartphone Nachrichten lesen. Dein Hund merkt schnell, ob du gedanklich anwesend bist oder nicht.

Es ist Zeit, dass du die Führung übernimmst!

Andernfalls wird dir dein Hund schnell zeigen, wie er seinen

Spaziergang gestalten will, dich von einer Straßenseite zur nächsten ziehen und an jedem interessanten Ort schnuppern. Das gemeinsame Spazierengehen beruht auf gegenseitiger Aufmerksamkeit und stärkt eure Bindung. Lobe daher deinen Hund, wenn er dich anschaut, korrigiere ihn, zum Beispiel wenn er an der Leine zieht und stehe für ihn ein, wenn ihr einem anderen Hund begegnet. Den Spaziergang gestaltest du abwechslungsreich, indem du mit deinem Hund ein Stück Fuß läufst und ihn anschließend wieder an der Leine laufen lässt oder auch das Tempo zwischen langsam und schnell variierst. Dein Hund lernt mit diesen Variationen, stetig auf dich zu achten und wird somit aufmerksamer. Das macht es deutlich leichter, an anderen Hunden vorbeizugehen oder nicht dem Kaninchen oder der Katze nachzujagen.

Fordere auch ohne Leine immer wieder die Aufmerksamkeit deines Hundes ein und du wirst sehen das er sich bei dir immer wieder rück vergewissert. Lobe immer wieder die Blickkontakte die dein Hund zu dir hält, dies stärkt die sogenannte „unsichtbare Leine".

Wenn dein Hund das gut macht, kannst du mit Lob oder Leckerlis reagieren.

Während des gesamten Spaziergangs kannst du hin und wieder verschiedene Kommandos abrufen oder die im letzten Kapitel beschriebenen Nasenübungen durchführen.

Variiere den Freilauf mit verschiedenen Spielzeugen, zum Beispiel einem Futterbeutel, einem Ball oder einem Frisbee. All diese Gegenstände kannst du werfen, sodass dein Hund ihnen hinterherjagen und sie dir zurückbringen kann.

Beachte jedoch, dass diese Kopfarbeit den Hund stark auslastet. Kombiniere sie also nicht mit einem zwei Stunden langen Spaziergang sondern eher auf kürzeren Strecken oder abgesondert zu einer anderen Tageszeit ohne Spaziergang.

Die 10 häufigsten Fehler in der Welpenerziehung

In diesem Kapitel gehe ich auf die meiner Meinung nach zehn häufigsten Fehler von Hundebesitzern in der Erziehung ihres Welpen ein.

Bei dem ein oder anderen Fehler fühlen sich auch sehr erfahrene Hundebesitzer ertappt.

Daher zeige ich dir, wo du konsequent an Kommandos und Verhalten arbeiten musst und warum es sich auszahlt, die Erziehung stringent umzusetzen.

1. Der Name ist kein Kommando

Wer kennt es nicht? Du gehst spazieren und hörst plötzlich einen Hundehalter seinen Hund rufen, allerdings ohne jegliches Kommando, sondern nur mit dem Namen.

Für den Hund ist es unverständlich, wenn er nur bei seinem Namen gerufen wird, ohne jegliche Ansage in Form eines Kommandos. Wenn du deinen Hund rufst, kannst du ihn zwar mit dem Namen auf dich aufmerksam machen, aber danach muss sofort eine klare Ansage folgen, wie zum Beispiel „her zu mir“ oder „komm“.

Wenn du lediglich den Namen ohne Kommando rufst, wird dein Hund irgendwann nicht einmal mehr mit dem Kopf zucken.

2. Futterneid

Seinem Grundinstinkt folgend verteidigt ein Hund seine Ressourcen.

Das gilt z. B. für Spielzeuge, Kauartikel oder das Futter.

Um letzteres und den damit verbundenen Futterneid geht es in diesem Kapitel.

Unter Futterneid versteht man das angespannte Verhalten, wenn sich ein anderes Tier dem Napf deines Hundes oder einem Kauartikel nähert. Er wird meist durch Knurren ausgedrückt.

Im schlimmsten Fall kann sich das auch gegen dich, den Hundebesitzer, sowie allen anderen Menschen richten. Warum ist das so?

Der Hund entwickelt bezüglich seines Futters, das für ihn überlebenswichtig ist, Verlustängste. Somit lässt sich der Futterneid gut nachvollziehen. Doch keine Panik, schon im Welpenalter kannst du deinem Hund dieses Verhalten abtrainieren.

Um Futterneid vorzubeugen, ist es für den Welpen sehr wichtig, alleine am Napf zu sein sowie in einer ruhigen Umgebung zu fressen. So verfällt er nicht in Hektik und muss sich nicht gegen andere durchsetzen, um an Nahrung zu gelangen.

Falls du andere Tiere bzw. Hunde hast, achte darauf, sie zu verschiedenen Zeiten und, noch besser, in verschiedenen Räumen zu füttern.

Wenn der Welpe Futterneid zeigt, ist eine Methode, zunächst wenig

Futter in den Napf zu geben und es stückchenweise nachzufüllen. So lernt er, dass du ihm Futter hinzugibst, anstatt es wegzunehmen.

Eine weitere Möglichkeit ist, den Raum zu verlassen, nachdem du den Napf positioniert hast. So hat deine Fellnase keinen Stress beim Essen, denn sie muss nicht befürchten, dass es ihr weggenommen wird.

Am Besten wartest du auch, bis der Welpe eigenständig den Raum verlässt, um in Ruhe den Napf wegzuräumen.

Die letzte Möglichkeit ist, den Hund aus der Hand zu füttern. Alternativ kannst dafür Futterdummys benutzen.

Durch das Füttern aus der Hand stärkst du gleichzeitig eure Bindung.

3. Anspringen

Personen zur Begrüßung anzuspringen, ist eine welpentypische Verhaltensweise, die auf das Verhalten von Wölfen zurückzuführen ist.

Bei jungen Wölfen legt es sich mit der Zeit, doch bleibt es bei vielen jungen Hunden bestehen, unter anderem aufgrund der menschlichen Gesellschaft.

Viele Menschen finden es niedlich, wenn sich der Welpe durch Hochspringen bemerkbar macht, sodass sie es fördern, indem sie ihm Zuwendung schenken, ihn streicheln, knuddeln oder mit ihm spielen.

Im Kapitel „Keine Strafe, sondern Korrektur“ hast du gelernt, dass der Welpe durch positive Bestärkung das Verhalten wiederholt.

Du darfst dabei nicht vergessen, dass Welpen wachsen, größer und schwerer werden, daher ist es umso wichtiger, Anspringen so früh wie möglich zu eliminieren.

Ignoriere deinen Welpen, sobald er an dir hochspringt und wende dich von ihm ab. Begrüße deinen Welpen nur, wenn er alle vier Pfoten auf dem Boden hat.

Schwieriger ist es bei fremden Personen, da sie oft nicht wissen, dass du gegen das Anspringen arbeiten möchtest oder wie man es erziehungstechnisch angeht.

Du bist in der Verantwortung, deinem Hund die richtige Führung vorzugeben. Die beste Möglichkeit, ihm das Anspringen fremder Personen abzugewöhnen, ist, ihn rechtzeitig abzulenken, damit er nicht auf fremde Personen zustürmen kann.

Falls du deinen Hund an der Leine hast und eine andere Person kommt auf euch zu, hast du zunächst eine bessere Kontrolle darüber, wie weit dein Welpe von der fremden Person entfernt bleiben soll.

Nun kannst du über die korrekte Verhaltensweise informieren.

Die meisten Menschen werden dafür Verständnis haben und dir gerne bei der Erziehung helfen.

4. Der konsequente Rückruf

Den Hund zurückzurufen, ist viel mehr als nur ein Kommando. Wenn der Hund auf Rückruf nicht kommt, liegt das nicht unbedingt an deinem kleinen Vierbeiner, sondern auch an dir.

Es ist wichtig und auch am einfachsten, im Welpenalter den Rückruf richtig und strukturiert aufzubauen.

Zuallererst solltest du den Rückruf Zuhause in den eigenen vier Wänden üben. Hier hast du logischerweise nicht die größte Abrufdistanz was aber in erster Linie noch nicht das Wichtigste ist. Wichtig im ersten Schritt ist es, dass dein Welpe die Verknüpfung herstellt zwischen dem Wort, Signal und der Tätigkeit welche er ausführen muss.

Wenn dies gut funktioniert kannst du weiter im eigenen Garten oder auf einer Wiese, die etwas ruhiger gelegen ist, trainieren.

Eine ruhige Umgebung ohne Ablenkung für den Welpen ist dabei entscheidend, denn du musst deinen Hund in einem Moment erwischen, in dem er die Chance hat, dein Kommando zu 100 Prozent wahrzunehmen.

Das kann er nicht, wenn er mit spielen oder schnüffeln beschäftigt ist. Sobald du deinen Hund mit dem passenden Kommando rufst, feuere ihn ruhig an, bis er bei dir ist, zum Beispiel mit „Go, go, go!". Natürlich freust du dich und belohnst deinen Vierbeiner, wenn er bei dir ist. Sollte dein Hund es sich auf halber Strecke anders überlegen und nicht weiter zu dir zu rennen, musst du dafür sorgen, dass du interessanter bist als das, was dein Hund gerade in den Kopf bekommen hat. Das schaffst du durch Jubeln, Anfeuern oder nochmaliges Rufen.

Bleib so lange dran, bis dein Hund bei dir ist und gib nicht vorher auf – so trainierst du den konsequenten Abruf.

Wie anfangs erwähnt meinen viele Hundehalter zu wissen, dass der Hund heute einen schlechten Tag hat und deshalb nicht hört. Dabei solltest du dich ehrlich fragen, ob du voll und ganz bei der Sache ist und den Rückruf nicht nur halbherzig ausführt.

Allerdings wäre es gelogen, wenn ich sagen würde, dass der Rückruf bei mir immer zu 100 Prozent funktioniert.

Manchmal ist es tatsächlich tagesformabhängig – beim Mensch ebenso wie beim Tier. Lass dich von einem misslungenen Rückruf daher nicht entmutigen.

Auch hier gilt: „Übung macht den Meister".

5. Stubenreinheit loben

Wie du deinem Hund Stubenreinheit beibringst, habe ich in einem der vorherigen Kapitel ausführlich beschrieben.

Für Welpen ist die Grundregel, dass er sich wahrscheinlich nach dem Essen, dem Spielen und dem Aufwachen erleichtern muss. Nach diesen Aktivitäten solltest du mit ihm stets den Pipi-Platz bzw. die Wiese aufsuchen.

Es hört sich vielleicht etwas gewöhnungsbedürftig an, doch du solltest deinen Hund nach verrichtetem Geschäft loben und dich darüber freuen.

So lernt der Hund am besten, dass er gerade etwas richtig gemacht hat. Mit der Zeit wird er auch die verschiedenen Untergründe zuordnen können. Das heißt er lernt, dass eine weiche Grasfläche zum Pipimachen gut geeignet ist.

Durch kontinuierliches Loben bestärkst du ihn darin.

Auf der anderen Seite solltest du nicht mit deinem Hund schimpfen, falls ihm doch mal etwas daneben geht oder ihm in der Wohnung ein Unfall passiert. Welpen müssen das Schritt für Schritt lernen.

Meine Hündin kann mittlerweile in den meisten Fällen auf Kommando ihr kleines Geschäft verrichten, da wir dies jedes Mal mit dem Wort „Pipi“ freulich kommentieren. Sie weiß somit, dass entweder nicht viel Zeit oder der Spaziergang und damit die Gelegenheit gleich vorbei ist.

6. Beißhemmung trainieren

Es ist sehr wichtig, einem Welpen von Anfang an die Beißhemmung beizubringen, damit sie für die Zukunft kein Thema mehr ist.

Zu Beginn kann es niedlich sein, wenn dein Welpe an deiner Hand herumknabbert und dich damit kitzelt, doch wenn nach einigen Wochen die Zähne spitzer werden, ist nicht mehr damit zu spaßen, geschweige denn im Erwachsenenalter, wenn der Hund eine enorme Kraft im Kiefer entwickelt.

Daher solltest du immer dann, wenn dein Hund etwas in den Mund nimmt, das er nicht soll, einschreiten, das mit einem quietschenden oder nervigen Ton unterbinden und ihm das Spielzeug bzw. den Gegenstand wegnehmen.

Wenn der Welpe dich beim Spiel in die Hand zwickt, quietsche ebenfalls, stehe auf, verlasse den Raum und unterbrich das Spiel kurz.

Dein Welpe merkt daran, dass dieses Verhalten nicht okay war und dazu führt, dass das Spiel abrupt beendet wird.

Das Quietschen muss kein sehr lautes Signal sein, sondern eher dem Naturinstinkt und Geräuschen der Welpenmutter ähneln, mit denen sie ihre Welpen in die Schranken weisen würde.

7. Genug ist genug

In diesem Kapitel möchte ich dir aufzeigen, woran du erkennst, wann dein Hund genug hat. Damit lernst die Anzeichen dafür zu erkennen, dass er überdrehen wird, und kannst ihn davor schützen.

Eine Überforderung deines Hundes führt zu Stress. Sie muss nicht immer einen klar erkennbaren Auslöser haben, sondern kann durch eine Summe vieler kleiner Reize ausgelöst werden. Der Hund überdreht, da er keine Lösung findet, wie er mit der aktuellen Situation umgehen soll. Seine Überforderung kann sowohl körperlich als auch emotional auftreten.

Überforderung kann durch Reize in der Natur, im Alltag oder beim Spielen auftreten. Deshalb ist es umso wichtiger, die Körpersprache deines Hundes zu deuten.

Anzeichen für Überforderung sind:

Gähnen: Oftmals zeigt Gähnen eine Überforderung beim Hund an.

Nicht hinschauen: Meistens schaut sich dein Hund in seinem Umfeld um oder folgt Bewegungen mit seinem Blick. Wenn er desinteressiert scheint, nicht hinschaut oder nur mit den Augen herüber schielt, ist er vermutlich überfordert. Du erkennst es daran, dass dein Hund wegschaut und den Kopf von der Situation abwendet.

Tippeln und hippeln: Auch am Hin- und Hertippeln erkennst du eine Erregung deines Hundes. Der Körper setzt so Energie frei, um sich auf verschiedene Möglichkeiten vorzubereiten. Dein Hund tippelt vom einen auf den anderen Fuß, rennt auf und ab oder hüpft und kreiselt um sich herum.

Verlangsamen und schnüffeln: Auch dafür ist oft Angst oder Überforderung der Grund. Dein Hund bleibt mit dem Kopf am Boden und beschnüffelt jeden Grashalm. Er tut das sehr langsam und versucht damit, eine anstehende Begegnung zu vermeiden oder einer Situation aus dem Weg zu gehen.

Bellen: Bellen ist oft ein Zeichen für Angst. Es gibt verschiedene Bellgeräusche, die sich in der Stimmlage unterscheiden.

Wenn die Stimmlage eher hoch ist und sich überschlägt, weißt du, dass dein Hund ängstlich ist.

Bei tiefer Tonlage vermittelt Bellen Aggressivität und bei mittlerer Tonlage ist es ein Signal für Frustration oder Konflikt.

Buddeln: Um die Überforderung zu regulieren, fängt der Hund oft an zu graben. Durch das Buddeln beziehungsweise im gegrabenen Loch versucht der Hund sein Kopf zu verstecken und damit der Situation zu entfliehen.

Lecken und putzen: Wenn der Hund nicht weiter weiß, fängt er oft an, sich zu lecken oder zu putzen. Dies ist auch eine Art der Überbrückung, eine sogenannte Übersprungshandlung. Er weiß einfach nicht weiter und ist sich unsicher.

Keine Kommandos: Ein weiteres Indiz für Überforderung ist, wenn dein Hund die einfachsten Kommandos nicht mehr ausführen kann oder möchte. Sein Gehirn nimmt die gegebenen Kommandos nicht mehr wahr und kann sie nicht verarbeiten. In diesem Fall würde ich das Training auch sofort beendet da es nicht zielführend ist.

8. Leinenführigkeit/Leine ziehen

Um die Leinenführigkeit zu trainieren und zu optimieren, brauchen du und dein Hund viel Durchhaltevermögen. Das Ziel ist, dass ihr entspannt Gassi gehen könnt, ohne dass dein Hund wild an der Leine zieht. Zum Üben suchst du dir am besten einen Platz mit ruhiger Atmosphäre und wenig bis keiner Ablenkung. Dort kannst du das Kommando „Fuß" mit deinem Hund bis zur Perfektion aufbauen und üben, bis es dann draußen weitergeht.

In diesem Kapitel soll es aber nicht darum gehen, Leinenführigkeit aufzubauen. Stattdessen zeige ich dir zwei Lösungen, um deinen nicht leinenführigen Hund wieder in die richtige Bahn zu bekommen.

Falls dein Hund stur davonzieht und die Leine ständig auf Spannung ist, unterbinde diesen Tempounterschied, indem du anhältst. Lasse deinen Hund mit angespannter Leine stehen und warte, bis er selbst merkt, dass er mit diesem Verhalten nicht weiterkommt. Wenn er nicht von alleine zu dir zurückkommt, rufe ihn zu dir und beginne den Prozess des Loslaufens nochmals mit deinem Kommando „Fuß", „Leine" oder „bei mir".

Falls dein Hund nicht mit der vollen Aufmerksamkeit bei dir ist, sondern abgelenkt oder mit Schnüffeln am Boden beschäftigt ist, beachte ihn nicht, sondern schaue in die Richtung, in die du gehen möchtest. Ändere nun immer wieder die Laufrichtung und du wirst sehen, dass dein Hund aufmerksamer wird und dir folgt. Jedes Mal, wenn der Hund die Richtung wechselt, lobst du ihn überschwänglich und belohnst ihn mit einem Leckerchen.

Diese Übung kannst du so oft wiederholen wie notwendig. Du solltest dabei immer ruhig bleiben und nie die Geduld verlieren. Sei nicht frustriert, wenn das Training an der Leine mal nicht funktioniert, sondern bleibe motiviert bei der Sache. Wenn dein Hund müde ist, Angst hat, gestresst oder einfach ist, brich das Training ab und versuche es am nächsten Tag erneut.

Wie schon erwähnt ist es tagesformabhängig, wie dein Hund, aber auch du, performen.

9. Vermenschlichung des Hundes

Wenn der Hund einen höheren Stellenwert einnimmt als unsere Mitmenschen, vermenschlichen wir ihn.

Eine Grenze zwischen zu viel und angemessen zu ziehen, ist schwierig da Hunde seit Jahrtausenden als treue Wegbegleiter und Spielgefährten zu unserer Gesellschaft gehören.

Wir Menschen reden manchmal liebevoller mit unseren Hunden als mit unseren Mitmenschen, weil die Gespräche mit unseren Vierbeinern nicht in Diskussionen oder Streitigkeiten ausarten und wir sie als verständnisvolle Partner sehen.

Es steht außer Frage, dass wir unsere Hunde sehr lieben, dennoch sollten wir sie immer noch als Tiere sehen.

Wird ein Hund zu sehr vermenschlicht, kann sich das negativ auf die Mensch-Hund-Beziehung auswirken.

Ich möchte hier keinen Maßstab dafür aufstellen, was ein Hundebesitzer darf und was nicht. Viel interessanter ist, dass wir mit unseren Vierbeinern in ganzen Sätzen reden, als würden sie jedes Wort verstehen. Womöglich verlangen wir von ihnen auch, menschlich zu denken und zu handeln.

Fakt ist, dass ein Hund nicht lernen kann, sich wie ein Mensch zu verhalten. Im Gegenteil: Wir als Hundehalter müssen lernen, wie Hunde ticken, damit sich unser Vierbeiner an uns orientieren und auf uns verlassen kann.

10. Timing

Das Timing ist zentral dafür, deinem Hund ein Verhalten beizubringen und Feedback zu geben.

Beim Trainieren von Kommandos liegt es auf der Hand, dass du deinen Hund nach dem erfolgreichen Ausführen sofort verbal lobst oder ihm ein Leckerli gibst.

Wie bereits in den Grundkommandos beschrieben muss beispielsweise beim Kommando „Sitz“ das Lob in dem Moment kommen, in dem der Hund mit seinem Po den Boden berührt.

Beim Kommando „Platz“ lobst du, sobald der Hund vollständig auf dem Boden liegt.

Verbal kannst du immer loben.

Alternativ oder bei Kommandos auf Entfernung kannst du deinem Hund mit einem Klicker direkt nach Umsetzen des Kommandos positives Feedback geben. Klickertraining muss allerdings zuerst aufgebaut werden, damit der Hund das Klickern mit etwas Positivem verknüpft.

Wenn du Leckerlis lobst, wirf sie nicht in die Gegend, denn so muss der Hund die gewünschte Position verlassen, um an das Leckerli zu gelangen.

Du bestärkst damit also nicht die eigentliche Position, sondern das Aufstehen.

Für das perfekte Timing solltest du zuerst verbal loben und im Anschluss die Leckerlis füttern.

Sei immer aktiv und aufmerksam, wenn du mit deinem Hund trainierst und gib ihm stets Feedback, sodass er sich wertgeschätzt fühlt und merkt, dass du bei der Sache bist.

Gesundheit des Welpen

In den nachfolgenden Kapiteln dreht sich alles um die Gesundheit deines Welpen. Ich gebe dir Tipps, wie du den Besuch beim Tierarzt meisterst, eine Einschätzung zu Impfungen sowie Informationen zu verschiedenen Parasiten und zur Pflege deines Hundes, sodass dein Welpe rundum gesund ist und bleibt.

Giftige Lebensmittel für deinen Welpen

- Alkohol
- Kaffee
- Tee
- Kakao
- Knoblauch
- Zwiebeln
- grüne / rohe Paprika
- rohe Bohnen
- rohe Erbsen
- rohe Aubergine
- rohe Kartoffeln
- Hülsenfrüchte
- Fruchtkerne
- Rosinen / Weintrauben
- rohes Schweinefleisch
- Schokolade

Giftige Zimmerpflanzen für deinen Welpen

- Efeu
- Alpenveilchen
- Einblatt
- Engelstrompete
- Farne
- Weihnachtsstern
- Oleander
- Hortensien
- Agave
- Amaryllis
- Ficus Benjamini (Birkenfeige)
- Bogenhanf
- Chrysanthemen
- Azaleen
- Flamingoblumen
- Gummibaum
- Zimmercalla

- Wandelröschen
- Philodendron
- Madagaskarpalme
- Purpurtute
- Fensterblatt
- Dieffenbachia
- Clivie
- Passionsblume

Giftige Pflanzen im Garten und der Natur für deinen Welpen

- Buchsbaum
- Efeu
- Eibe
- Maiglöckchen
- Mistel
- Mohnblumen
- Thuja
- Osterglocken
- Rhododendron
- Schlüsselblume
- Tulpe
- Blauregen
- Buschwindröschen
- Eisenhut
- Geißblatt
- Ginster

- Goldregen
- Fingerhut
- Hyazinthen
- Herbstzeitlose
- Kaiserkrone
- Rittersporn
- Stechpalme
- Tollkirsche
- Seidelbast
- Hahnenfuß
- Bärlauch
- Bilsenkraut
- Schöllkraut
- Riesenbärenklau
- Schierling
- Hundspetersilie
- U.v.m.

Tierarzt

Den Besuch beim Tierarzt verknüpfen Hunde oft mit etwas Negativem. Beim Tierarzt kann es oft weh tun und der Welpe hat Angst, zum Beispiel vor anderen Tieren und Menschen und deren fremden Gerüchen.

Dem solltest du frühzeitig vorbeugen und die Situation positiv besetzen.

Um das zu erreichen, empfiehlt es sich, für den allerersten Besuch ohne triftigen Grund in die Tierarztpraxis zu fahren.

Am besten meldest du dich vorher telefonisch an – du wirst sehen, dass die Ärzte dafür Verständnis haben und solche Aktionen befürworten.

Beim ersten Mal in der Tierarztpraxis kann dein Welpe Umgebung, Gerüche sowie gegebenenfalls andere Tiere wahrnehmen und kennenlernen.

Außerdem entsteht dabei schon der erste Kontakt zum Tierarzt und den Tierarzthelfern.

Wenn der Arzt deinen Welpen noch mit einem Leckerli belohnt, hat sich der Ausflug für deinen Vierbeiner gelohnt.

Nun wird er den Tierarztbesuch zunächst einmal als etwas Positives betrachten.

Ich empfehle dir auch, deinem Hund auf spielerische Art beizubringen, sich untersuchen zu lassen.

Das machst du am besten beim Streicheln oder Knuddeln, indem du langsam und vorsichtig die Lefzen anhebst, versuchst das Maul zu öffnen, in die Ohren schaust oder im Stand die Rute nach oben hältst.

Je häufiger du das wiederholst, desto gelassener wird dein Hund.

So wird er später bei tierärztlichen Untersuchungen weniger Probleme haben.

Impfungen

Es ist sehr wichtig, deinen Welpen impfen zu lassen, um ihn vor Viren und Bakterien zu schützen, die Erkrankungen verursachen können.

Die Bundestierärztekammer empfiehlt Impfstoffe zur Vorbeugung gegen folgende Krankheiten:

Tollwut, Leptospirose, Parvovirose, Hepatitis, Staupe, Zwingerhusten und Borreliose.

Die Ständige Impfkommission Veterinärmedizin (StIKo Vet) empfiehlt die erste Impfung für Welpen in der achten Lebenswoche.

Die Impfung führt der Tierarzt aus, der dich dazu auch berät und aufklärt.

Nach der Impfung braucht dein Welpe circa einen Tag Ruhe, um sich zu erholen. Diesen Tag solltest du in Bezug auf das Training oder den Besuch einer Welpenspielgruppe sehr ruhig angehen.

Mache dir vor der ersten Impfung keine Sorgen, dass dein kleiner Welpe erkrankt oder sie nicht verträgt. Wenn die Mutterhündin regelmäßig geimpft wurde, gibt sie Antikörper an ihre Welpen weiter. Diese tragen die ersten Wochen zum Immunschutz der Kleinen bei.

Parasiten

Zu den Parasiten zählen Flöhe, Zecken, Milben, Läuse, Haarlinge sowie Würmer.

Eine voll umfassende Zeckenabwehr ist essenziell für deinen Welpen. Zecken finden sich häufig in Gräsern, Sträuchern und Büschen. Sie lassen sich auf den Hund fallen oder springen auf und beißen zu.

Ein Zeckenbiss kann zu Entzündungen führen sowie starken Juckreiz verursachen. Zecken saugen das Blut aus und können auch Krankheiten wie FSME und Borreliose übertragen. Festgebissene Zecken lassen sich am besten mit einer speziellen Zeckenzange herausdrehen.

Sie dürfen keinesfalls herausgezogen werden, da die Gefahr besteht, dass der Kopf der Zecke stecken bleibt oder mit einer Pinzette der Körper der Zecke zerdrückt wird und das aufgesaugte Blut inklusive Giftstoffen wieder in den Blutkreislauf des Hundes zurückfließt.

Es lässt sich nicht pauschal sagen, wie du Zecken von deinem Hund fernhalten kannst, denn das kann sich von Jahr zu Jahr ändern.

Die bewertesten Hausmittel zum Schutz vor Zecken sind Kokosöl, Schwarzkümmelöl oder Knoblauch.

Verwendest du ätherische Öle wie Geraniol, Zitrone, Eukalyptus oder ähnliches, achte darauf, dass sie bei Hunden wie bei Menschen Allergien auslösen können.

Die am zweithäufigsten vorkommenden Parasiten sind Würmer und Giardien.

Dein Hund kann sie sich etwa durch fremden Kot oder Kadaver wie zum Beispiel tote Vögel oder Mäuse einfangen.

Die Infektion erfolgt je nach Wurmart durch Eier, Larven oder den Wurm selbst.

Würmer können Organe wie Darm, Leber, Lunge sowie Blutgefäße oder die Blase beschädigen.

Hat dein Welpe Würmer, zeigt er Symptome wie Durchfall, Leistungsabfall und Schwäche.

Oft wird empfohlen, den Welpen regelmäßig und damit pauschal zu entwurmen, ohne ihn vorher auf Würmer untersucht zu haben.

Dir muss bewusst sein, dass eine Entwurmung ein Medikament ist, das gegen den Körper arbeitet und nicht zu häufig angewendet werden darf. Die bessere Lösung hat mir mein Tierarzt empfohlen. Er rät dazu, in der Praxis eine Kotprobe über drei Tage untersuchen zu lassen und erst eine Wurmkur durchzuführen, nachdem der Verdacht auf Würmer bestätigt wurde.

Pflege

Die Pflege deines Hundes fängt bereits im Welpenalter an. Das Fell deines Hundes solltest du regelmäßig bürsten, damit es nicht verfilzt und daraus schmerzhafte Hautreizungen entstehen können. Bei langhaarigen Rassen empfiehlt es sich, das Fell ein- bis zweimal pro Woche zu bürsten. Bei kurzhaarigen Rassen reicht es alle zwei Wochen.

Außerdem sollte das Fell regelmäßig gekürzt werden. Falls du dir das nicht zutraust, kannst du deinen Welpen in einen Hundesalon bringen. Möchtest du nicht so oft in den Hundesalon gehen, kannst du vorsichtig mit einer Schere die Augen sowie die Pfoten deines Hundes freischneiden. Lobe deinen Hund, wenn er ruhig bleibt, und gib ihm Leckerlis. Halte deinen Hund nicht zwanghaft fest, sondern lasse dir lieber Zeit und sorge für eine ruhige und entspannte Atmosphäre.

Wenn die Krallen deines Welpen auf dem Asphalt oder Boden anfangen zu klackern, müssen sie gekürzt werden. Dafür gibt es spezielle Krallenschneider.

Auch das Krallenkürzen solltest du nicht zwanghaft durchführen, sondern eine vertrauensvolle Atmosphäre schaffen. Taste dich langsam heran und schneide zunächst nicht so viel ab. Solltest du dir unsicher sein, frage beim nächsten Tierarztbesuch nach, ob sie die Krallen kürzen können.

Wie in einem vorherigen Kapitel beschrieben, bereitest du deinen Welpen auf den Tierarzt vor, indem du dir regelmäßig sein Maul anschaust. Je häufiger du das tust, desto normaler wird es für deinen Hund. Auch für den nächsten Pflegetipp, das Zähneputzen, zahlt es sich aus.

Ja, du liest richtig. Hunde müssen auch Zähne putzen, um Zahnstein vorzubeugen. Am besten klappt es mit einer Zahnbürste und einer speziellen Hundezahnpasta. Hebe die obere Lefze an und putze vorsichtig die Zähne mit Start am Fangzahn (größter Zahn). Daran muss sich dein Welpe ebenfalls gewöhnen, daher solltest du es langsam steigern. Achte darauf, dass der Welpe nicht auf der Zahnbürste herumkaut.

Als letzter Pflegetipp ist darauf zu achten, dass du deinen Hund nicht zu oft badest. Das liegt daran, dass Hunde einen anderen pH-Wert haben als wir Menschen. Deshalb solltest du auch nur Hundeshampoo verwenden. Beim Baden und Abduschen des Hundes sollte weder Shampoo noch zu viel Wasser in die Augen, den Mund oder die Ohren des Hundes gelangen. Reibe ihn nach dem Baden mit einem normalen Handtuch vorsichtig trocken.

Schlaf

Bei Welpen verhält es sich beim Schlafen ähnlich wie bei Babys.

In der neuen Welt, in der dein Welpe ankommt, gibt es sehr viel zu entdecken und zu lernen – das macht müde!

Manche Welpen schlafen sogar während des Essens oder des Spielens ein. Das ist kein Grund zur Sorge, denn im Welpenalter brauchen die Kleinen täglich 20 bis 22 Stunden Schlaf.

Erwachsene Hunde benötigen immerhin noch 17 bis 20 Stunden am Tag , um ausreichend zu ruhen.

Zum Schlafbedarf des Hundes gehören Tiefschlaf, Dösen und Ausruhen.

Der eigentliche Tiefschlaf beträgt etwa sechs bis zehn Stunden pro Tag. In dieser Zeit regeneriert sich der Körper und verarbeitet das am Tag Erlebte und Erlernte.

Mit Dösen ist Entspannen mit geschlossenen Augen gemeint und es scheint so, als würde der Hund schlafen. Jedoch bekommt er alles in seiner Umgebung mit, da seine Ohren und Nase noch im Einsatz bleiben.

Beim Ausruhen sind die Augen des Hundes nicht immer geschlossen. Manchmal liegt er einfach nur entspannt herum oder kuschelt sich irgendwo ein.

Das ist ein Zeichen dafür, den Hund in Ruhe zu lassen und nicht zum Spielen zu animieren.

Wenn der Welpe schläft, ist es normal, dass er zuckt oder merkwürdige Geräusche von sich gibt. Mach dir keine Sorgen – er verarbeitet, was er tagsüber erlebt hat.

Lass deinen Hund in diesem Fall in Ruhe und störe ihn nicht, um ihn nicht zu erschrecken.

Den perfekten Schlafplatz für einen Hund gibt es in der Regel nicht. Aus der Erfahrung heraus sucht sich dein Vierbeiner den für ihn aktuell besten Schlafplatz selbst aus.

Trotzdem solltest du einen Schlafplatz für den Hund einrichten. Er sollte sehr ruhig und vor Sonne und Zugluft geschützt sein. Unsere Vierbeiner möchten immer mittendrin sein und gleichzeitig ihre Ruhe haben. Deshalb empfiehlt es sich, eine Ecke auszusuchen, in der der Hund mit dem Rücken zur Wand liegt und dennoch das Geschehen im Blick hat.

Es kann auch sein, dass der Hund den Schlafplatz in der Nacht mehrmals wechselt.

In den ersten Nächten mit deinem Welpen solltest du unmittelbar neben dem Kleinen schlafen. So bekommst du in der Nacht alles mit und kannst gleich reagieren. Es kann sein, dass dein Welpe Heimweh hat und du ihm Nähe und Vertrautheit schenken musst. Oder er muss nachts ein kleines Geschäft verrichten und kann es nicht so lang halten. Hier hilft es, schnell zu sein, damit alles trocken bleibt.

Mit jedem Tag wirst du merken, dass dein Welpe längere Zeiten am Stück schläft und du kannst ausprobieren, wieder in deinem eigenen Bett zu schlafen.

Pubertät

Für die Hundepubertät gibt es vier Anzeichen. Wenn mehrere oder alle Anzeichen auftreten, kannst du dich auf einen pubertierenden Hund vorbereiten.

Das erste Anzeichen ist, dass dein Hund schlechter hört. Ob du sofort auf die Pubertät schließen kannst oder es doch die Tagesform ist, lässt sich über ein paar Tage beobachten.

Das zweite Anzeichen ist Ängstlichkeit. Vertraute Situationen werden plötzlich wieder fremd und dein Hund bekommt Angst.

Ein weiteres Zeichen ist, dass der Hund keine Grenzen kennt, völlig überdreht und an Menschen hochspringt, weil er zu viel Power hat.

Außerdem ist der Hund leicht reizbar.

Er kommt nicht zur Ruhe und kann die erlebten Dinge nicht verarbeiten. Sorge daher für eine ruhige Umgebung.

Befindet sich dein Welpe in der Pubertät, kannst du nicht viel tun, als dem Hormonüberschuss seinen Lauf zu lassen.

Die Pubertät untergliedert sich in mehrere Phasen, die unterschiedlich lange anhalten. Das wird auf dich als Hundehalter zukommen:

4-8 Monate

Die erste Phase beginnt ab circa vier Monaten. Dein Hund reagiert nicht auf Kommandos oder tut zumindest so, als würde er sie nicht verstehen.

Diese Phase hält zwischen ein paar Tagen bis zu zwei Wochen an.

Wenn dein Hund eher ein Ausreißertyp ist, empfiehlt es sich, ihn für diese kurze Zeit ausschließlich an der Führ- oder Schleppleine zu lassen.
Wenn dein Hund generell zu dir zurückkommt, zelebriere das, juble und gib ihm Leckerlis.

6-14 Monate

In der zweiten Phase der Pubertät entwickelt sich der Körper deines Hundes weiter, sprich er wächst schnell, in Schüben. Das ist sehr aufregend für den Hund, sodass neue Situationen besonders herausfordernd für ihn sind und er Ängste entwickeln kann. Achte als Hundehalter darauf, dass du ihn in seiner Ängstlichkeit nicht bestärkst, indem du ihn bemitleidest, tröstest oder streichelst, sondern guter Dinge voran gehst und ihm in der Situation Vertrauen gibst.

1-4 Jahre

Die Phase des geistigen Erwachsenwerdens kann bis zum vierten Lebensjahr anhalten.

Ein Hund ist zwar mit anderthalb Jahren ausgewachsen, testet aber mit dem geistigen Erwachsenenwerden seinen Stellenwert im Rudel, indem er auf Durchzug schaltet und deine Kommandos nicht mehr wahrnimmt.

Bleibe in dieser Zeit konsequent und selbstbewusst, damit der Hund weiß, wo er in der Rangordnung steht.

1-6 Jahre

Diese Phase überschneidet sich mit der vorherigen und markiert die Geschlechtsreife des Hundes. Sie beginnt um den ersten Geburtstag herum und endet zwischen dem vierten und sechsten Lebensjahr.

Hündin: Läufigkeit

Die erste Läufigkeit tritt im Alter zwischen sechs Monaten und dem ersten Geburtstag ein.

Anschließend sind Abstände zwischen sechs bis zwölf Monaten normal. Das ist von Hündin zu Hündin unterschiedlich.

Eine Läufigkeit dauert in der Regel vier Wochen.

Meistens verändert sich das Wesen der Hündin etwas, sie wird teilweise anhänglicher und wehleidiger.

Während der Läufigkeit muss sie beim Gassigehen sehr viel urinieren. Es kann Blut aus der Vulva fließen und sie schwillt etwas an.

Ob du deiner Hündin in dieser Zeit Windeln anziehen möchtest, musst du für dich selbst entscheiden. Ich entferne die Teppiche, sobald meine Hündin läufig ist, und habe das Glück, dass sie sich selbst gut sauber hält.

Ist deine Hündin läufig, darfst du nur an der Leine mit ihr spazieren gehen und solltest Kontakt mit anderen Hunden vermeiden.

Rüde: Geschlechtsreife

Rüden werden circa zwischen dem fünften und achten Lebensmonat geschlechtsreif.

Ab diesem Zeitpunkt zeigen sie höheres Interesse an Hündinnen und ein sehr hohes Interesse an läufigen Hündinnen. Rüden können sie bereits aus großer Entfernung riechen und werden unruhig.

Einige Rüden heulen oder jaulen der Hündin nach und fressen in dieser Zeit schlechter.

Versicherungen und Steuern

Ein weiteres Thema welches man nicht außen vorlassen darf, sind die Versicherungen und Steuern die du für deinen Hund benötigst bzw. bezahlen muss.

Eine Pflicht für jeden Hundehalter ist eine Hundehaftpflichtversicherung. Sie kostet 2-3 Euro im Monat und deckt Schäden an Dritten ab, die der Hund anrichtet. Kontaktiere am besten die Versicherung, bei der du selbst eine Haftpflichtversicherung besitzt, und lass deinen Hund darüber mit versichern.

Eine weitere Versicherung ist die so genannte Hundekrankenversicherung. Jeder kann selbst entscheiden, ob er sie nutzen möchte oder nicht. Die Beiträge richten sich nach dem Alter und der Rasse des Hundes und können daher variieren.

Die Versicherung greift, falls dein Hund eines Tages auf ärztliche Hilfe angewiesen ist. Behandlungen wie Operationen, Medikamente, oder künstliche Hüftgelenke können für enorme Kosten sorgen, wenn sie nicht von einer Hundekrankenversicherung getragen werden.

Vergleiche vor dem Abschluss Tarif und Konditionen, um die beste Versorgung für deinen Vierbeiner zu bekommen.

Als Alternative zur Versicherung kannst du ein Sparkonto für deinen Hund einrichten und darauf monatlich einen gewissen Betrag überweisen.

In den meisten Städten und Gemeinden müssen Hundehalter Hundesteuer bezahlen.

In einzelnen Fällen, wie zum Beispiel bei Blindenhunden, Signalhunde für Gehörlose oder Assistenzhunde für Menschen mit eingeschränkter Mobilität gibt es Steuervergünstigungen.

Die Kosten der Hundesteuer variieren je nach Wohnort und liegen in der Regel zwischen 50 und 100 Euro im Jahr.

In Großstädten fallen meist höhere Steuern an.

Solltest du einen sogenannten Listenhund oder einen Kampfhund halten, musst du mit 500 bis 800 Euro Steuern pro Jahr rechnen. Zudem gilt eine dauerhafte Leinen- und Maulkorbpflicht.

Deinen Hund meldest du im Rathaus an damit dieser in der Stadt oder Gemeinde registriert ist. Bei Nichtanmeldung kann ein hohes Bußgeld fällig werden.

Muss ich meinen Hund registrieren?

Eine Registrierung ist in ein paar Bundesländern bereits Pflicht. Auch ich kann dir nur ans Herz legen, deinen Vierbeiner registrieren zu lassen.

Damit kann dein Hund im Falle der Fälle, d. h. wenn er davonläuft oder gestohlen und wiedergefunden wird, deiner Adresse zuordnet werden.

Die Registrierung ist in wenigen Schritten erledigt und bei folgenden Portalen kostenlos:

https://www.tasso.net/Tierregister/Tier-registrieren

https://www.findefix.com/haustier-online-registrieren/

Voraussetzung für die Registrierung ist ein Mikrochip. Wenn dein Hund vom Züchter stammt, ist er bereits gechippt. Ansonsten erledigt der Tierarzt das für dich.

Abschließende Worte

Mit diesem Ratgeber hast du einen guten ersten Einblick in den Umgang mit Welpen erhalten: was es zu beachten gibt, wie du erfolgreich mit ihm trainierst oder Alltagssituationen meisterst. Viele dieser Aspekte sind individuell unterschiedlich und es gibt verschiedene

Ansichtsweisen.

Um dein Fachwissen zu vertiefen, empfehle ich dir eine Online-Welpenschule, die bestimmte Probleme und Situationen nochmals gezielter beleuchtet und damit perfekt ist, wenn du nach diesem Ratgeber spezifische Fragen hast oder noch mehr lernen möchtest. Auch eine normale Hundeschule bietet dir diese Gelegenheit.

Zum Schluss möchte ich dir noch einmal ans Herz legen, die Entscheidung, ob du deinen Welpen vom Züchter kaufst oder aus dem Tierheim oder Tierschutz adoptierst, ganz bewusst zu treffen.

Sollest du weitere Fragen haben, sende mir eine E-Mail an info.welpenerziehung@gmail.com.

Zu guter Letzt bedanke ich mich bei dir, dass du meinen Ratgeber gekauft hast und freue mich über dein Feedback und deine Bewertung.

Ich wünsche dir eine unvergessliche schöne Kennenlernzeit mit deinem Welpen und drücke dir die Daumen – und Nala die Pfoten – für das neue Leben mit deiner kleinen Fellnase.

Online-Welpenschule

In der Online Welpenschule von Conny Sporrer werden nochmals alle Inhalte in über 100 Videos genauer erklärt.

Angefangen von den wichtigsten Grundlagen die Schritt-für-Schritt beigebracht werden zu dem Umgang mit den häufigsten Welpenproblemen.

Zudem steht ein Zugang zur Support Gruppe mit mehr als 1.500 Mitgliedern zum Austausch zur Verfügung.

Buchempfehlung

Der große Hunde-Guide von Conny Sporrer.

Hunde richtig verstehen und erziehen.

In diesem Buch handelt es sich nochmals unter anderem um den bewussten Umgang mit Hunden, Regeln und Strukturen im Alltag, sowie mehr Respekt und Vertrauen um den Hund nachhaltig zu verstehen und ein harmonisches Zusammenleben zu fördern.

Haftungsausschluss

Dieses Buch enthält Meinungen und Ideen der Autorin und hat die Absicht, hilfreiches und informatives Wissen zu vermitteln. Die enthaltenen Strategien passen möglicherweise nicht zu jedem Leser und es gibt keine Erfolgsgarantie. Die Umsetzung der in diesem Buch enthaltenen Informationen erfolgt ausdrücklich auf eigenes Risiko. Haftungsansprüche für Schäden materieller oder ideeller Art an die Autorin, die durch die Nutzung bzw. Nichtnutzung der Informationen oder durch Nutzung fehlerhafter und/oder unvollständiger Informationen verursacht wurden, sind ausdrücklich ausgeschlossen. Dieses Buch inklusive aller Inhalte bietet keine Garantie oder Gewähr für Aktualität, Korrektheit, Vollständigkeit und Qualität der bereitgestellten Informationen. Fehlinformationen und Druckfehler können nicht vollständig ausgeschlossen werden.

Notizen

Notizen